WOODY

ALLEN

Woody Allen est né en 1935 à Brooklyn. Dès le lycée, il commence à écrire des gags pour un journal. Auteur, compositeur et musicien, il est surtout l'un des cinéastes américains les plus prolifiques de ces quarante dernières années – certains ajoutent qu'il est aussi l'un des plus européens, car il est tout particulièrement apprécié du public français.

Cette édition Collector, à tirage limité,
a été imaginée et réalisée par les éditions Points.
Les titres sont également disponibles
pour nos lecteurs en édition courante.

Woody Allen

DIEU,
SHAKESPEARE
ET MOI

suivi de

POUR EN FINIR
UNE BONNE FOIS
POUR TOUTES
AVEC LA CULTURE

Traduit de l'anglais (États-Unis)
et préfacé par Michel Lebrun

Édition du Seuil/Solar

TEXTE INTÉGRAL
Dieu, Shakespeare et moi
La première édition de cet ouvrage a paru aux éditions Solar en 1975.

TITRE ORIGINAL
Without Feathers

EDITEUR ORIGINAL
Random House, Inc., New York

© 1972, 1973, 1974, 1975, Woody Allen

(ISBN 2-02-008617-4, 1re publication poche
ISBN 2-02-048235-2, 2e publication poche)
ISBN 978-2-7578-1292-1, 3e publication poche)

© 2001, Éditions du Seuil, pour la traduction française

Pour en finir une bonne fois pour toutes avec la culture

TITRE ORIGINAL
Getting Even

© 1972, Woody Allen

(ISBN 2-02-009051-1, 1re publication
ISBN 978-2-7578-1306-5, 1re publication poche)

© 1973, Solar, pour la traduction française

Pour la présente édition
ISBN 978-2-7578-1567-0
© Points, 2009

Le Code de la propriété intellectuelle interdit les copies ou reproductions destinées à une
utilisation collective. Toute représentation ou reproduction intégrale ou partielle faite par quelque
procédé que ce soit, sans le consentement de l'auteur ou de ses ayants cause, est illicite et constitue
une contrefaçon sanctionnée par les articles L. 335-2 et suivants du Code de la propriété intellectuelle.

PRÉFACE

Préfacer un livre d'humour constitue une tâche difficile, pour ne pas dire impossible.

De deux choses l'une : ou le préfacier fait œuvre sérieuse d'érudit, d'analyste subtil et enquiquine tout le monde, ou il tente, par une osmose mégalomane, de rivaliser de drôlerie avec l'auteur du livre, et se ridiculise à jamais.

Voici pourquoi cette préface n'en est pas une, mais un simple avant-propos (distinguo dont l'estimé Lecteur appréciera, je l'espère, la sophistication raffinée). Le fait que l'Éditeur qualifie cet avant-propos de « préface » signifie simplement qu'il n'en a pas pris connaissance. Loin de moi l'idée de le lui reprocher, un éditeur publiant les admirables essais littéraires de Woody Allen a bien mérité de la Culture, et tout lui est permis.

*
* *

Cerner la personnalité multiforme de Woody Allen est une tâche guère plus aisée que de capturer un moustique au lasso. (Comparaison mûrement pesée, Woody Allen et le diptère ayant en commun l'apparence physique, l'agilité et le piquant.)

Pourtant, Woody Allen, on croît connaître ; le petit juif calamiteux, au regard perpétuellement traqué sous les grosses lunettes, à la tignasse rouge hirsute, au piquetis de taches de rousseur, à l'élocution sommeilleuse. L'homoncule sempiternellement mal à l'aise avec les femmes, avec les hommes, avec tout le monde y compris les harengs saurs, traînant comme des boulets psychiques une judéité encombrante et une cure de psychanalyse qui dure depuis 22 ans. L'introverti de démonstration, le névropathe type.

Triste comme un clown…

Détruisons au passage la légende du clown triste, que perpétuent les tristes sires. Paraphrasant Jacques Prévert, l'on pourrait dire que, si le pinson n'est pas forcément gai, le clown n'est pas forcément triste. Il est gai quand il est gai, le clown, triste quand il est triste ou ni gai ni triste.

Le clown, tandis qu'il s'évertue à amuser son public, est absorbé par le souci de bien faire son travail, et si le travail l'amusait, le clown serait complètement idiot. Mais dans le privé, le clown, qu'est-ce qui l'empêche de rigoler, ou même de s'adresser des grimaces dans le miroir pour faire rire son propre reflet, hein ?

*
* *

Woody Allen est un personnage à facettes.

Le Woody Allen n° 1, c'est le type qui fait hurler de rire dans les salles obscures alors que, transporté comme par magie en l'an 2073, il est attaqué par un pudding affamé et ne réussit à s'en débarrasser qu'à coups de bâton, avant d'assommer un de ses poursuivants avec une fraise de 25 kilos.

Le Woody Allen n° 2, c'est l'héritier spirituel des Marx Brothers, l'humoriste glacial et cynique qui, évoquant sa première épouse, déclare sans qu'un muscle tressaute sur son visage d'intellectuel torturé : « Au Muséum d'Histoire naturelle, en partant d'une des chaussures de ma femme, ils ont reconstitué un dinosaure », puis qui tranche comme au rasoir les problèmes existentiels : « Comment pourrais-je croire en Dieu alors que je viens de me coincer la langue dans le ruban de ma machine à écrire électrique ? Le doute me ronge. Et si tout n'était qu'illusion ? Si rien n'existait ? Dans ce cas, j'aurais payé ma moquette beaucoup trop cher. Si seulement Dieu voulait m'adresser un signe de son existence… S'il me déposait un bon paquet de fric dans une banque suisse, par exemple ! »

Le Woody Allen n° 3, c'est le cinéaste d'avant-garde qui, dans *Annie Hall*, maîtrise la relativité de l'espace-temps à grands coups de panoramiques inspirés, ou, mieux, l'auteur d'*Intérieurs*, ce beau film grave, bergmanien quant à la façon dont y sont exprimés les tréfonds de l'âme.

Le Woody Allen n° 4, c'est le malappris qui, le soir de la remise des Oscars à Hollywood, reste à New York et joue de la clarinette au Michael's Pub, et qui, tandis qu'à 5 000 kilomètres de là l'on décerne en grande pompe quatre Oscars à son film *Annie Hall*, s'évertue, les yeux mi-clos, à filer la note dans « Petite fleur » de Sidney Bechet, son idole numéro 2 après Groucho Marx.

Le Woody Allen nº 5, c'est le dramaturge à succès, le Sacha Guitry US dont les pièces remplissent les salles de Broadway avant de devenir des films à succès.

Existe-t-il aussi des Allen nºs 6, 7, 8, 9… ? Bien évidemment, Woody Allen étant tout simplement un homme complexe, donc complet, comme se doit de l'être tout grand écrivain de l'absurde.

*
* *

Bien que ne l'ayant rencontré qu'une seule fois – entre deux portes –, je commence à très bien connaître Woody Allen pour avoir traduit ses œuvres littéraires, et longuement étudié son système humoristique. Auteur au sens complet, Woody Allen est resté jusqu'à présent – il n'a que 43 ans, il peut encore évoluer – le gamin de Flatbush Avenue, quartier pauvre de Brooklyn, dont le père, en véritable juif orthodoxe, tenait à le voir faire de solides études afin de devenir pour le moins avocat, docteur ou Président des États-Unis.

Woody Allen – heureusement pour ses admirateurs fanatiques – devait décevoir les ambitions paternelles, en se faisant renvoyer de tous les collèges et écoles où l'on jugeait bon de l'inscrire. Il pratiquait la contestation par inertie : aucune révolte ouverte, point d'esprit de fugue, mais un total, irrémédiable manque d'intérêt pour la culture, à laquelle il préfère cent fois la lecture des *comics*, les films de W.C. Fields et des Marx au cinéma du coin, et les interminables parties de base-ball avec les gosses du quartier. Il devait mettre par la suite les bouchées doubles, grâce à la méthode de lecture rapide : « J'ai lu tout *Guerre et Paix* en vingt minutes : ça parle de la Russie. »

Sans vocation précise, mais doué d'un réel don pour la repartie foudroyante, ses premières plaisanteries sont publiées par les journaux. Puis, embauché à la télévision comme gagman – tout comme son confrère Mel Brooks –, il prête de l'humour à des comiques célèbres qui en sont fort dépourvus.

Il exécute, mort de trac, un numéro de cabaret, puis, peu à peu, toutes les portes s'ouvrent devant cet humoriste pas comme les autres : « Je porte toujours une épée sur moi pour me défendre. En cas d'attaque, j'appuie sur le pommeau, et l'épée se transforme en canne blanche. Alors on vient à mon secours. »

Au secours ! Tel est le message sous-jacent que Woody Allen tente inlassablement d'envoyer dans ses textes, même les plus débridés. Non seulement la vie n'est pas drôle, mais elle est bien trop courte ! La mort nous guette, au secours, quelqu'un, faites quelque chose !

Plus il gémit sa détresse, plus nous rions, sans toujours nous rendre compte que sa panique, c'est la nôtre, qu'il prend à son compte, assume pour notre vif soulagement. Si un jour il cessait de souffrir pour nous, quel drame !

*
* *

Les récits accumulés pour la première fois dans ce volume sont tous plus drôles les uns que les autres, et je serais bien en peine d'en établir le palmarès.

Pour la plupart, il s'agit de pastiches, et le lecteur cultivé reconnaîtra au passage les têtes de Turcs favorites de l'humoriste : les dramaturges scandinaves, Ingmar Bergman, Mickey Spillane, Sigmund Freud, les peintres impressionnistes – de nos jours, Van Gogh tenterait de se couper l'oreille au rasoir électrique – et inlassablement, revenant saluer comme des cabotins, les deux Entités Suprêmes que Woody Allen ne cesse de taquiner, comme pour les obliger à lui apparaître : Dieu et la Mort. « Bien que je n'aie pas peur de la mort, j'aime mieux être ailleurs quand ça se produira. »

*
* *

L'humour, nous le savons, est un état d'esprit indéfinissable. L'humour juif est un peu plus mystérieux encore. Quant à l'humour-juif-new-yorkais… Une approximation sous forme d'exemple nous en est fournie par cette réplique de Groucho Marx auscultant un malade : « Ou ma montre est arrêtée, ou cet homme est mort. »

Cet humour, absurde en apparence, n'en revêt pas moins un aspect profondément logique. L'on rit pour s'empêcher de pleurer, tel l'enfant qui chante dans le noir pour se donner du courage.

Woody Allen, lui perpétue cette perversion quasi métaphysique en posant ainsi les problèmes essentiels : « La réponse est oui. Mais quelle est la question ? »

Il est drôle de voir ainsi formulés les mystères de notre présence en ce bas monde, mais sous le rire perce l'angoisse. « Puisque ces choses nous dépassent », disait Cocteau, « feignons d'en être les organisateurs ». Soit. Mais Woody Allen rétorque aussitôt, dans un registre différent : « Celui qui ne périra ni par le fer ni par la famine périra par la peste, alors à quoi bon se raser ? »

*
*   *

Laissons pour l'instant l'Allen métaphysicien pour ne considérer que l'humoriste issu du *New Yorker*, le magazine le plus snob du monde. Allen, laissant libre cours à sa verve énorme, nous raconte entre autres dans ce livre la fabuleuse gestation du premier sandwich, nous explique la genèse historique de la fausse tache d'encre, nous éclaire – enfin – sur les origines de l'expression populaire « Tu vas prendre ta rouste » puis, devenu entomologiste, nous décrit une série d'animaux en voie de disparition, le niourk, le schmoll volant, le croquin ou la mougnarde, cette proche parente du bistacle, sorte de petit écureuil ami personnel du maire de Detroit.

*
*   *

« Mes chers élèves, nous allons aujourd'hui étudier le style allenien. Ouvrez votre Woody à la page 122 – ou 73, ou 257, peu importe. Analysez et commentez cette interrogation du Maître : « Dans le chant grégorien, quel moine tient la batterie ? »

Il est fou, cet avant-proposier ! Vouloir nous faire admettre qu'un gugusse comme Woody Allen sera un jour étudié dans les écoles, comme Claudel ou Montherlant ! Le culot de ces gloseurs n'a plus de bornes, vraiment !

Cher Lecteur, Ignorant Lecteur, Lecteur de peu de foi !

Reporte-toi, je te prie, au manuel de grammaire « Les chemins de l'expression » de MM. Obadia, Descottes, Glatigny et Collignon (*Classiques Hachette, 1976*). Tu y trouveras, aux pages 268 à 271, un essai de Woody Allen intitulé *Histoire du crime organisé aux États-Unis*, reproduit in extenso, et assorti d'un long questionnaire dont voici quelques points signifiants :

– Commentez les différentes mises à mort.

– À quoi reconnaît-on un criminel dans ce texte ? Et dans la vie ?

– Faites une liste des instruments à vent qui pourraient se trouver dans la phrase. Comment transforme-t-on une tête en instrument à vent ?

– Étudiez la valeur des conditionnels.

Etc.

Maintenant, qu'on ne se risque plus à prétendre que Woody Allen n'est pas un *classique* de l'humour !

Et pour terminer sur une note optimiste, il me semble réconfortant de constater qu'un pays dans lequel l'on fait étudier Woody Allen aux enfants des lycées et collèges ne saurait être un pays complètement foutu.

Il se prépare des lendemains qui rient.

Jaune, me direz-vous. Et après ?

N'est-ce pas le propre de l'humour-noir-juif-new-yorkais ?

MICHEL LEBRUN.

PREMIÈRE PARTIE

ÉTUDES PHILOSOPHIQUES ET LITTÉRAIRES

– 1 –

PREMIERS ESSAIS

Nous vous présentons ci-dessous quelques-uns des premiers essais de Woody Allen. Il n'y aura pas de derniers essais, l'auteur n'ayant plus trouvé de sujets d'observation. Peut-être, quand M. Allen aura pris de l'âge, découvrira-t-il d'autres aspects de la vie ; alors il s'enfermera dans sa chambre à coucher et n'en sortira plus jusqu'à la fin des temps ou jusqu'à sa mort, selon le cas. Comme les essais de Bacon, ceux de Woody Allen sont brefs, mais empreints d'une infinie sagesse, bien que le peu d'espace imparti ne lui ait pas permis d'y inclure sa pensée la plus profonde : « Je vois ce que je regarde. »

DE L'ARBRE EN ÉTÉ

De toutes les merveilles de la nature, la plus merveilleuse est sans doute un arbre en été (ou peut-être un cerf chantant *Strangers in the night* avec des guêtres).

Contemplons les feuilles, si vertes, si feuillues (sinon, quelque chose ne tourne pas rond). Remarquons comme les branches se dressent vers le ciel comme pour dire : « Bien que je ne sois qu'une branche, j'aimerais bien bénéficier de la Sécurité sociale. »

Et toutes les essences ! Cet arbre est-il un sapin ou un peuplier ? Ou un séquoia géant ? Non, je crains bien que ce ne soit un orme majestueux, auquel cas nous nous sommes une fois de plus rendu ridicule. Naturellement, nous saurions reconnaître à première vue n'importe quel arbre si nous étions un pivert, mais un pivert sait-il conduire une automobile ? Non. Et alors !

Mais pourquoi donc un arbre est-il tellement plus exaltant que, par exemple, un ruisseau qui murmure ? Ou quoi que ce soit qui murmure ? Parce que sa glorieuse existence est le témoignage muet d'une intelligence supérieure à toutes celles qui sont sur terre, particulièrement au Gouvernement. Comme l'a si bien dit le poète : « Seul Dieu peut créer un arbre. » C'est vrai. Sinon, comment l'écorce tiendrait-elle dessus ?

Un jour, un bûcheron s'apprêtait à abattre un arbre, quand il remarqua un cœur gravé dessus, renfermant deux prénoms. Jetant sa hache au loin, il utilisa une scie pour coucher le géant des bois. La morale de cette histoire m'échappe, si ce n'est que six mois plus tard, le bûcheron fut traîné en justice pour avoir appris les chiffres romains à un nain.

DE LA JEUNESSE ET DU VIEIL ÂGE

L'unique critère de la maturité ne consiste pas à connaître l'âge d'un individu, mais ses réactions quand il se réveille en caleçon dans son logement citadin.

Que signifient donc les années, quand on attend le plombier ? La seule chose qui importe, c'est d'avoir conscience que chaque âge de la vie a ses plaisirs appropriés, étant donné que, quand on est mort, il est difficile de se beurrer une tartine.

Incidemment, le principal problème de la mort est la crainte qu'il n'existe aucune vie future – pensée particulièrement déprimante pour ceux qui se sont donné la peine de se raser. Il y a également la peur que la vie future existe, mais que personne ne sache où elle se trouve. Du côté positif, mourir est une des rares choses que l'on puisse faire aussi bien couché que debout.

Considérons ceci : la vieillesse est-elle aussi épouvantable qu'on le croit ? Non, pour peu qu'on ait bien entretenu ses dents. Et pourquoi n'existe-t-il aucun pare-chocs contre les assauts du temps ? Et aucun bon hôtel à Indianapolis ? Et tout ça.

En résumé, la seule chose intelligente à faire est de se comporter comme un homme de son âge. Si l'on a moins de seize ans, ne pas essayer d'être chauve. D'un autre côté, si l'on a dépassé quatre-vingts ans, il est encore de très bon ton de clopiner dans la rue, un sac en papier à la main, en murmurant : « Le Kaiser m'a volé la ficelle. »

Ne jamais oublier que tout est relatif, ou devrait l'être. Sinon, tout serait à refaire, et on ne va pas s'y mettre à cette heure-ci.

DE LA FRUGALITÉ

À mesure que l'on avance dans la vie, il est extrêmement important de faire des économies, et l'on ne devrait jamais gaspiller son argent en achats inutiles, comme par exemple du jus de carotte ou des chapeaux en or massif.

L'argent n'est pas tout, mais il est préférable à la santé. Essayez donc d'aller dire à votre boucher : « Regardez comme j'ai bonne mine, je n'ai jamais été malade de ma vie » et voyez ce qu'il vous donne en échange. (À moins bien sûr que votre boucher ne soit complètement idiot, auquel cas vous ressortirez avec un kilo d'entrecôte.)

L'argent est préférable à la pauvreté, ne serait-ce que pour des raisons financières.

Non pas qu'il puisse acheter le bonheur. Prenons le cas de la cigale et de la fourmi. La cigale chante tout l'été tandis que la fourmi travaille et économise. Quand survient l'hiver, la cigale n'a rien, mais la fourmi a attrapé un tour de reins.

La vie est dure pour les insectes. Et ne croyons pas que les souris s'amusent non plus. La vérité est que nous avons tous besoin d'une poire pour la soif, mais il ne faut pas se coucher dessus avec un complet neuf.

En conclusion, gardons tous à l'esprit qu'il est plus facile de dépenser deux dollars que d'en économiser un. Et, pour l'amour de Dieu, n'investissons jamais d'argent dans une affaire dont un des associés s'appelle Angelo !

DE L'AMOUR

Est-il meilleur d'aimer ou d'être aimé ? Ni l'un ni l'autre si notre taux de cholestérol excède 5,35.

Par « aimer » je me réfère bien sûr à l'amour romantique – plutôt entre un homme et une femme qu'entre une mère et son enfant, un gamin et son chien, ou deux maîtres d'hôtel.

La chose la plus merveilleuse est que, lorsque l'on aime, l'on éprouve le besoin de chanter. Il faut résister coûte que coûte à cette impulsion, et il faut également faire très attention à ce que le mâle ardent ne « murmure » pas les paroles des chansons d'amour.

Être aimé est très différent d'être admiré, car l'on peut être admiré de loin, alors que pour aimer réellement quelqu'un, il est essentiel de se trouver dans la même chambre, et si possible sous le même drap.

En outre, pour être réellement un bon amant, il faut être tout à la fois fort et tendre. Fort comment ? Je pense qu'il suffit d'être capable de soulever soixante kilos.

Gardons aussi à l'esprit que, pour qui aime, la personne aimée est toujours la plus belle de toutes, même si un étranger ne peut pas la distinguer d'un banc de sardines. La beauté est dans les yeux de l'amoureux.

Si l'amoureux a mauvaise vue, il peut toujours demander à une tierce personne quelle fille est la plus belle. (Malheureusement, les plus belles sont toujours les plus enquiquinantes, ce qui fait douter certains de l'existence de Dieu.)

« Plaisir d'amour ne dure qu'un moment », chante le troubadour, « Chagrin d'amour dure toute la vie ». Cette chanson a toujours bien marché au hit-parade, bien que sa musique ressemble un peu trop à *Tiens, voilà du boudin*.

DE LA CUEILLETTE DES VIOLETTES
DANS UN BOQUETEAU

Ça n'a vraiment rien de plaisant, et je recommanderai de préférence toute autre activité.

Essayez d'aller voir un ami malade à l'hôpital. Si ce n'est pas possible, allez au cinéma, ou prenez un bon bain chaud avec un bouquin. Tout vaut mieux que de se retrouver dans un petit bois, arborant un sourire stupide, et entassant des fleurs dans un panier. Pourquoi ne pas gambader de-ci de-là, tant qu'on y est ? Et de toute façon quand vous aurez des tas de violettes, qu'est-ce que vous allez bien pouvoir en faire ? « Les mettre dans un vase », me dites-vous. Quelle réponse stupide !

De nos jours, vous passez votre commande au fleuriste par téléphone. C'est à lui d'aller se balader dans les bois, il est payé pour. Comme ça, si un orage éclate, ou si une colonie d'abeilles s'énerve, c'est le fleuriste qui se retrouvera à la morgue.

Ne concluez pas trop vite de ce qui précède que je sois insensible aux joies de la nature, bien que j'aie depuis longtemps acquis la conviction que pour bien rigoler, rien ne vaut quarante-huit heures à Munich pendant la Fête de la Bière. Mais ceci est une autre histoire.

– 2 –

SÉLECTION DU ALLEN'S DIGEST

Voici quelques extraits du journal intime et secret de Woody Allen, demeuré inédit jusqu'à ce jour, et qui ne sera publié qu'après sa mort ou à titre posthume, ou inversement.

Les nuits deviennent de plus en plus dures à supporter. Hier soir, j'ai éprouvé le sentiment désagréable que plusieurs individus essayaient de faire irruption dans ma chambre pour m'administrer un shampooing. Dans quel but ? Je n'ai cessé d'imaginer que je distinguais des ombres suspectes, et à trois heures du matin, les sous-vêtements que j'avais posés sur une chaise se sont mis à ressembler au Kaiser en patins à roulettes. Quand je finis par m'endormir, j'eus encore ce cauchemar atroce dans lequel une marmotte vient toucher à ma place le gros lot de la loterie. Désespoir.

*
* *

Je crois que ma consomption empire. Mon asthme aussi. Les sifflements vont et viennent avec mon souffle, et les étourdissements se font de plus en plus fréquents. J'étouffe à en défaillir. Ma chambre ruisselle d'humidité, et j'éprouve continuellement des frissons et des palpitations cardiaques. J'ai également remarqué que je n'ai plus de serviettes propres. Jusqu'où cela ira-t-il ?

*
* *

Idée de nouvelle : un homme s'éveille pour apprendre que son perroquet a été nommé ministre de l'Agriculture. Consumé de jalousie, il se suicide, mais malheureusement son pistolet est de ceux d'où ne sort qu'un petit drapeau avec l'onomatopée « Bang ! » brodée dessus. La hampe du drapeau lui crève un œil, et il vivra, en être purifié qui, pour la première fois, appréciera les plaisirs simples de l'existence, tels que cultiver son jardin ou s'asseoir sur une bouche d'aération.

*
* *

Pensée : Pourquoi l'homme tue-t-il ? Il tue pour sa nourriture. Et point uniquement pour cela : il faut boire aussi.

*
* *

Épouserai-je M… ? Non, à moins qu'elle ne me révèle les autres lettres de son nom. Et que faire au sujet de sa vocation ? Ai-je le droit de demander à une femme aussi belle de renoncer au roller-catch ? Dilemme…

*
* *

Une fois encore, j'ai tenté de me suicider – cette fois en mouillant mon nez et en l'enfonçant dans une douille électrique. Malheureusement, il y eut un court-circuit et je ne réussis qu'à détraquer le réfrigérateur. Toujours obsédé par l'idée de la mort, je médite constamment. Je ne cesse de me demander s'il existe une vie ultérieure, et s'il y en a une, peut-on m'y faire la monnaie de vingt dollars ?

*
* *

J'ai rencontré mon frère aujourd'hui à un enterrement. Nous ne nous étions pas vus depuis quinze ans, mais comme d'habitude, il a tiré de sa poche une vessie de porc et m'en a donné des coups sur la tête. Le temps m'a aidé à mieux comprendre son caractère. J'ai fini par réaliser que sa remarque : « Tu n'es qu'une ignoble vermine à exterminer » était davantage empreinte de compassion que de colère. Regardons les choses en face : il a toujours été bien plus brillant que moi, plus spirituel, plus cultivé, mieux éduqué. Pourquoi est-il toujours plongeur au Wimpy ? Mystère.

*
* *

Idée de nouvelle : une tribu de castors s'empare du Metropolitan Opera et y interprète *Wozzeck*. (Grand sujet. Comment le développer ?)

*
* *

Grand Dieu, pourquoi me sentir si coupable ? Est-ce parce que je détestais mon père ? Cela provient peut-être de l'incident de l'escalope au parmesan. Tout de même, que faisait-elle dans son portefeuille ? Si je l'avais écouté, je serais devenu chapelier. Je l'entends encore : « Mettre des chapeaux en forme, ça c'est un métier ! » Je me rappelle sa réaction quand je lui déclarai que je voulais devenir écrivain : « Pour lire tes œuvres, il faudra aller dans les toilettes publiques ! » Je n'ai toujours pas compris ce qu'il avait bien voulu dire par là. Quel homme curieux il était ! Quand ma première pièce, *la Vésicule d'Hercule*, a été représentée au Lyceum, il est venu à la générale en queue de pie avec un masque à gaz.

*
* *

Ce soir, j'ai admiré un coucher de soleil jaune et rouge, et pensé que j'étais bien peu de chose !

J'ai également pensé cela hier soir, et il pleuvait. J'éprouvai un tel dégoût pour moi-même que j'envisageai à nouveau de me suicider – cette fois en allant respirer auprès d'un courtier en assurances.

*
* *

Idée de nouvelle : un homme s'éveille au petit matin et découvre qu'il s'est métamorphosé en ses semelles de chaussures. (Cette idée peut fonctionner à plusieurs niveaux. Psychologiquement, elle exprime la quintessence des théories de Kruger, le disciple de Freud qui découvrit la sexualité dans le bacon.)

*
* *

Emily Dickinson[1] se trompait complètement ! L'espérance n'est pas du tout « cette chose emplumée ». Il se trouve que cette chose emplumée est mon neveu. Je vais l'emmener chez un spécialiste à Zurich.

*
* *

---

1. Emily Elizabeth Dickinson, 1830-1886. Poétesse américaine dont les œuvres ne furent publiées qu'après sa mort. L'un des poèmes les plus connus commence par ce vers : « L'espérance, cette chose emplumée… »

J'ai décidé de rompre mes fiançailles avec M… Elle ne comprend rien à ce que j'écris, et m'a déclaré hier soir que ma *Critique de la réalité métaphysique* lui rappelait *la Tour infernale*. Nous nous sommes disputés, et elle a remis sur le tapis la question des enfants, mais j'ai réussi à la convaincre qu'ils seraient trop jeunes lorsque nous en aurions.

*
*   *

Crois-je en Dieu ? J'y ai cru jusqu'à l'accident de ma mère. Elle a glissé sur un rôti de veau, ce qui l'a rendue neurasthénique. Elle est restée des mois dans une sorte d'hébétude, incapable de rien faire d'autre que chanter *Granada* à un hareng imaginaire. Pourquoi cette femme jeune encore était-elle si affligée ? Parce que dans sa prime jeunesse elle avait oser défier les conventions, et s'était mariée avec un sac de papier brun sur la tête ? Et comment pourrais-je croire en Dieu alors que je viens de me coincer la langue dans le ruban de ma machine à écrire électrique ? Le doute me ronge. Et si tout n'était qu'illusion ? Si rien n'existait ? Dans ce cas, j'aurais payé ma moquette beaucoup trop cher. Si seulement Dieu voulait m'adresser un signe de son existence… S'il me déposait un bon paquet de fric dans une banque suisse, par exemple !

*
*   *

Pris le café avec Melnick aujourd'hui. Il m'a parlé de son idée d'obliger tous les officiels du gouverne-

ment à se déguiser en poules faisanes. Y ai longuement réfléchi.

*
* *

Idée de pièce : un personnage inspiré de mon père,
mais avec un gros orteil moins proéminent. Il est
envoyé à la Sorbonne pour y apprendre l'harmonica.
À la fin, il meurt sans jamais avoir réalisé le rêve de
sa vie – se baigner dans du bouillon gras. (J'envi-
sage un brillant début de deuxième acte : deux nains
tombent sur une tête coupée dans une cargaison de
ballons de volley.)

*
* *

En faisant ma promenade matinale, j'ai encore
eu des pensées morbides. Qu'est-ce qui peut bien
me tourmenter autant au sujet de la mort ? Probablement les horaires. Melnick affirme que l'âme est
immortelle et continue de vivre après que le corps a
disparu, mais si mon âme existe sans mon corps, je
suis persuadé qu'elle flottera dans mes vêtements.
Enfin…

*
* *

Finalement, n'ai pas eu besoin de rompre avec
M…, le hasard ayant voulu qu'elle parte pour la
Finlande avec un phénomène de cirque. Tout est

donc pour le mieux, j'imagine, bien que j'aie encore eu une de ces attaques où je tousse par les oreilles.

*
* *

La nuit dernière, j'ai brûlé toutes mes pièces et tous mes poèmes. Ironie du sort, alors que je brûlais mon chef-d'œuvre, *le Pingouin noir*, tout l'appartement prit feu, et je suis maintenant traîné en justice par mes voisins Pinchunk et Schlosser. Kierkegaard avait raison.

– 3 –

LES ORIGINES DE L'ARGOT

Beaucoup d'entre vous se sont-ils déjà demandé d'où venaient certaines expressions argotiques comme « un pyjama en sapin » ou « tu vas prendre ta rouste » ? Non ? Moi non plus.

Pourtant, pour ceux que ce genre de niaiseries intéresse, j'ai rédigé un petit guide sur quelques-unes des origines les plus curieuses.

Malheureusement, n'ayant pas eu le temps de consulter la moindre étude faisant autorité sur ce sujet, j'ai été obligé d'abord de recueillir des informations parmi mes amis, et ensuite de combler certaines lacunes en faisant appel à mon propre bon sens.

Prenez par exemple l'expression « c'est du gâteau » ou son contraire « c'est pas de la tarte ». Pendant le règne de Louis le Gros, l'art culinaire avait atteint en France un degré insoupçonné du reste de l'univers.

Le monarque français était tellement obèse qu'il fallait un treuil pour l'installer sur son trône et un vaste chausse-pied pour l'en extraire.

Un repas ordinaire (selon le mémorialiste De Rochet) se composait d'une crêpe en guise d'amuse-gueule, d'un peu de persil, d'un bœuf et d'une crème à la vanille.

La nourriture était devenue l'obsession de toute la Cour, et l'on ne pouvait parler de rien d'autre sous peine de mort.

Les membres d'une aristocratie décadente engouffraient des repas incroyables, et s'habillaient même en aliments. De Rochet nous révèle que M. Monsant se présenta au couronnement en saucisse de Toulouse, et qu'Étienne Tisserand obtint une dispense spéciale du pape pour épouser sa brandade de morue favorite.

Les desserts devenaient de plus en plus élaborés, et les gâteaux se faisaient de plus en plus énormes, ceci du moins jusqu'au jour où le ministre de la Justice s'étouffa en essayant de terminer une gigantesque tarte aux coings (six mètres de diamètre en 140 de large). Tarte aux *coings* se transforma bientôt en tarte aux *poings* dans le parler populaire et « bouffer de la tarte aux poings » s'applique désormais à tout acte rebutant ou humiliant. Lorsque les marins espagnols entendirent le mot « poings » ils le prononcèrent à leur manière, soit « poums », du moins ceux qui s'intéressaient aux langues étrangères. L'expression « tarte aux poums » fut à nouveau déformée en sens inverse par un explorateur français, qui la ramena dans son pays sous la forme « tarte aux pommes ». C'est ainsi que la tarte aux coings a disparu de la gastronomie française, au bénéfice de la tarte aux pommes. Mais, dans un cas comme dans l'autre, « recevoir une paire de tartes » conserve la même signification. Miracle de la sémantique appliquée !

« Tu vas prendre ta rouste » est d'origine anglaise. Il y a bien longtemps, en Angleterre, la « rouste » était un jeu que l'on pratiquait avec des dés et un pot d'onguent vide. Chaque joueur jetait les dés à son tour, puis sautait sur un pied tout autour de la pièce jusqu'à épuisement complet. Si l'un des joueurs lançait sept ou en dessous, il devait prononcer le mot « troulala » puis tourner sur lui-même à toute vitesse. Si le joueur lançait plus de sept, il était obligé de donner à tous les joueurs une partie de sa cagnotte, et recevait en échange une bonne « rouste ». À la troisième « rouste », le joueur était « capot » ou déclaré en faillite. Graduellement, tous les jeux de dés furent appelés des « roustes » et les enjeux « roustins » ou « roustans ». Prendre sa rouste signifie donc ramasser la cagnotte et filer avec, bien que le rapport ne semble pas évident.

Incidemment, si deux des joueurs étaient en désaccord sur les règles du jeu, l'on disait d'eux qu'ils avaient « une prise de bec ». Cette expression remonte à la Renaissance, époque où un homme qui voulait faire sa cour à une femme la frappait violemment sur la tête avec un poulet rôti. Si elle le lui arrachait des mains, cela voulait dire qu'elle était déjà prise.

Si au contraire elle l'aidait à presser le poulet contre son visage, puis à se l'accrocher dans les cheveux, cela signifiait qu'elle acceptait de l'épouser. Le poulet était soigneusement conservé par les parents de la mariée et servait de chapeau dans les grandes occasions. S'il arrivait que l'époux prenne une maîtresse, la femme pouvait dissoudre le mariage en courant avec le poulet sur la place du village, en criant : « Par la crête et le bec, je te rejette ! Arou ! Arou ! » Si un couple « prenait le bec » ou « avait le bec », ils se disputaient.

Une autre coutume matrimoniale nous a donné cette éloquente et colorée expression de dégoût « je t'ai dans le nez ». Dans la Perse ancienne, avoir un long nez était considéré comme une marque de grande beauté pour une femme.

Plus important était le nez, plus désirable était la femme, du moins jusqu'à un certain point. C'est ici que cela devient amusant. Lorsqu'un homme proposait le mariage à une belle femme, il attendait sa décision, le genou en terre.

Si les narines frémissaient, il était accepté. Mais si la femme, tout à coup, lui prenait la tête et l'introduisait de force dans une de ses narines tout en le couvrant d'injures, cela signifiait qu'elle en aimait un autre.

Maintenant, quand nous rencontrons quelqu'un de bien habillé, nous disons de lui qu'il est « sapé ». Le terme doit ses origines à sir Oswald Sappay, l'un des plus célèbres dandies de l'Angleterre victorienne. Héritier d'une fortune considérable, Sappay dilapidait son argent en vêtements. On dit même qu'à une certaine époque, il posséda suffisamment de mouchoirs pour que tous les hommes, femmes et enfants d'Asie puissent se moucher sans arrêt pendant sept ans.

Les innovations vestimentaires de Sappay furent légendaires, et il fut le premier homme qui eût jamais porté ses gants sur la tête.

À cause de son épiderme ultra-sensible, Sappay faisait tailler ses sous-vêtements dans le saumon le plus fin, que tranchait pour lui le tailleur le plus habile.

Ses mœurs libertines l'impliquèrent dans de nombreux scandales fameux, et il lui arriva même d'attaquer en justice le Gouvernement, qui lui avait interdit de porter des moufles pour caresser une naine.

Sappay connut une fin lamentable : il mourut ruiné, à Chichester, sa garde-robe se réduisant à un sombrero et une paire de genouillères.

Avoir l'air « sapé » est donc un compliment, et celui qui est bien « sapé » est donc tout à fait libre d'en « jouer un air », une expression du début du siècle qui trouve son origine dans la coutume consistant à attaquer à coups de canne tout orchestre symphonique dont le chef souriait en interprétant Berlioz.

« Aller battre l'orchestre » devint très rapidement une habitude populaire, et les spectateurs, revêtus de leurs plus beaux habits, se rendaient au concert chargés de cannes et de gourdins.

Cette pratique fut finalement abandonnée durant une audition de la *Symphonie fantastique* à New York, lorsque la section des cordes dans son entier cessa brusquement de jouer et déchargea une rafale de coups de fusil sur les dix premiers rangs.

La police mit fin au combat, mais non sans qu'un lointain cousin de John Pierpont Morgan eût été blessé au palais et à l'omoplate. Plus tard, l'expression « battre l'orchestre » tomba en désuétude et devint « en jouer un air », ce qui signifie changer de trottoir.

Si vous pensez que certaines de ces interprétations sont sujettes à caution, vous pouvez très bien dire : « J'ai le boyau de la rigolade. » Cette merveilleuse expression trouve son origine en Autriche, il y a bien longtemps.

Chaque fois qu'un banquier annonçait son mariage avec un phénomène de foire, ses amis avaient coutume de lui faire présent d'un soufflet de forge et d'une coupe remplie de fruits en cire.

La croyance populaire affirme que, lorsque Leo Rothschild annonça ses fiançailles, le livreur se trompa de paquet et lui apporta une boîte de cordes à violon. Quand il l'ouvrit, n'y trouvant pas le cadeau traditionnel, il s'exclama : « Qu'est-ce que ça signifie ? Où sont mon soufflet et mes fruits ? Je ne vois que des boyaux ! »

Le mot « boyaux » fit florès dans les tavernes de bas étage, dont les habitués haïssaient Leo Rothschild, parce qu'il gardait son peigne dans ses cheveux après s'être coiffé. « Boyaux » devint synonyme de « folie » ou « amusement », d'où l'expression « j'ai le boyau de la rigolade ».

Voilà. J'espère que ces recherches sur l'origine des expressions argotiques vous ont intéressés, et qu'elles vous donneront envie de procéder, vous aussi, à vos propres recherches. Et au cas où vous

vous poseriez encore des questions sur les termes « pyjama en sapin » qui ouvraient cette étude, ils remontent à un vieux numéro burlesque de Chase et Rowe, les deux savants fous allemands.

Vêtu d'un smoking trop grand, Bill Rowe volait le pyjama de quelque malheureux spectateur. Dave Chase, qui tira longtemps parti de son gag du « dur d'oreille », lui demandait :

CHASE

Ach ! Herr Professor ! Qu'afez-fous donc dans fotre poche ?

ROWE

Zezi ? Z'est ein pyjama en zatin !

CHASE

Ein pyjama en zapin ! Mein Gott !

Le public hurlait de rire à cette répartie spirituelle, et seule une mort prématurée par strangulation mit fin à une carrière qui s'annonçait exceptionnellement brillante pour les deux comiques.

– 4 –

UNE EXÉGÈSE LITTÉRAIRE

Demandez à l'homme de la rue qui a écrit les pièces intitulées *Hamlet*, *Roméo et Juliette*, *le Roi Lear*, ou *Othello*, et dans la plupart des cas, vous obtiendrez cette réponse assurée : « Le Barde immortel de Stratford-sur-Avon. »

Demandez-lui alors quel est l'auteur des sonnets shakespeariens, et voyez si vous ne récoltez pas la même réponse illogique.

Posez maintenant ces questions à l'un ou l'autre de ces détectives littéraires qui surgissent çà et là depuis des années, et ne soyez pas surpris d'obtenir en réponse des noms aussi divers que sir Francis Bacon, Ben Jonson, la reine Elisabeth, voire même l'Anonyme de service qui se prenait pour Shakespeare et l'était peut-être.

L'on peut trouver la plus récente de ces théories dans un livre que je viens juste de lire, et qui tente d'apporter la preuve irréfutable que le véritable auteur des œuvres de Shakespeare était Christopher Marlowe.

Ce livre est extrêmement convaincant, et quand

38

j'en eus achevé la lecture, je ne savais plus très bien si Shakespeare était Marlowe ou si Marlowe était Shakespeare ou l'inverse. Tout ce que je sais, c'est que je n'aurais prêté d'argent ni à l'un ni à l'autre – et pourtant, j'aime leurs œuvres !

Maintenant, afin de considérer la théorie ci-dessus sous son vrai jour, je poserai cette question : si Marlowe a écrit les œuvres de Shakespeare, qui a écrit les œuvres de Marlowe ? La réponse réside probablement dans le fait que Shakespeare était marié à une femme du nom de Anne Hathaway. Ceci est un fait prouvé.

Toutefois, selon la nouvelle théorie, ce serait maintenant Marlowe qui aurait été l'époux de Anne Hathaway, union qui aurait provoqué chez Shakespeare une fureur d'autant plus grande qu'ils ne voulaient pas le recevoir chez eux.

Un jour fatal, Marlowe fut assassiné – assassiné ou expulsé sous un déguisement pour lui éviter d'être convaincu d'hérésie, crime qui, à l'époque, valait à son auteur d'être assassiné ou expulsé sous un déguisement, ou les deux à la fois.

Ce fut à cette époque que la jeune femme de Marlowe reprit la plume et continua d'écrire les pièces et les sonnets que nous connaissons tous aujourd'hui – et évitons soigneusement. Mais qu'on me permette de simplifier.

Nous savons tous que Shakespeare (Marlowe) empruntait les sujets de ses pièces aux anciens (modernes) ; cependant, quand vint le moment de restituer leurs sujets aux anciens, il les avait usés jusqu'à la corde, et fut obligé de quitter le pays sous le nom d'emprunt de William Barde (d'où l'expression : le Barde immortel) dans l'espoir d'éviter la prison pour dettes (d'où l'expression : prison pour dettes).

C'est ici que sir Francis Bacon entre en scène. Bacon était un grand novateur de l'époque, qui travaillait sur le principe de la réfrigération. La tradition prétend qu'il trouva la mort en essayant de congeler un poulet. Selon toute apparence, le poulet appuya le premier sur le bouton « Froid ».

Dans l'intention de distinguer Marlowe de Shakespeare, dans le cas où ils n'auraient fait qu'un, Bacon avait adopté le pseudonyme d'Alexander Pope, qui n'était autre en réalité que le pape Alexandre, chef de l'Église catholique romaine, et présentement en exil suite à l'invasion de l'Italie par les Bardes, ultimes représentants des hordes nomades (c'est des Bardes que nous vient l'expression : le Barde immortel).

Le mystère s'épaissit, car, les choses étant ce qu'elles sont, Ben Jonson organisa de fausses funérailles pour Marlowe, persuadant un poète mineur de prendre sa place dans le tombeau.

Il ne faut pas confondre Ben Jonson avec Samuel Johnson : c'était lui Samuel Johnson. Samuel Johnson, lui, était en réalité Samuel Pepys. Quant à Pepys, il était Raleigh, qui venait de s'évader de la Tour de Londres où il attendait la mort, pour écrire le *Paradis perdu* sous le nom de John Milton, un poète aveugle qui s'évada par erreur de la Tour, et fut rattrapé et pendu sous le nom de Jonathan Swift. Tout cet embrouillamini devient clair comme de l'eau de roche dès lors que nous savons que George Eliot était une femme.

Il résulte de tout cela que *le Roi Lear* n'a jamais été une pièce de Shakespeare, mais une revue satirique de Chaucer, primitivement intitulée *Personne n'est parfait*, dans laquelle nous trouvons une allusion à l'homme qui assassina Marlowe, et qui était connu à la période élizabéthaine (je parle d'Elizabeth Barrett Browning) sous le sobriquet de Old Vic.

Old Vic devait nous revenir plus tard sous le nom de Victor Hugo, l'auteur de *Notre-Dame de Paris*, que beaucoup d'exégètes littéraires pensent être en réalité *Coriolan*, en dépit de quelques changements superficiels de noms, lieux et dates.

Nous sommes alors en droit de nous demander si Lewis Carroll n'a pas voulu caricaturer toute cette situation lorsqu'il écrivit *Alice au pays des merveilles*.

Le lièvre de Mars serait Shakespeare, le Chapelier Fou Marlowe, et Humpty-Dumpty Bacon – ou le Chapelier Fou Bacon et le Lièvre de Mars Marlowe – ou Carroll, Bacon et Humpty-Dumpty Marlowe – à moins qu'Alice ne soit Shakespeare – ou Bacon – dans ce cas Carroll serait le Chapelier Fou.

Dommage que Carroll ne soit plus vivant aujourd'hui pour régler la question. Ou Bacon. Ou Marlowe. Ou Shakespeare. De toute façon, si vous changez d'adresse, avertissez votre bureau de poste. À moins que vous ne vous moquiez éperdument de la postérité.

– 5 –

LE GÉNIE IRLANDAIS

Les éditions Visqueux et Fils viennent d'annoncer la prochaine publication des *Poèmes choisis* de Shawn O'Shawn, le grand poète irlandais, universellement considéré comme le poète le plus incompréhensible, donc le meilleur de son époque.

Regorgeant de références ultra-personnelles, l'œuvre de Shawn nécessite, pour être un tant soit peu comprise, une connaissance profonde de sa vie, que, selon les érudits, il ne possédait pas lui-même.

Voici un extrait de ce livre remarquable.

AU-DELÀ D'ICHOR

Voguons, voguons avec
Le menton de Fogarty, jusqu'à Alexandrie
Durant que les Frères Beamish
Courent en riant vers la Tour,
Fiers de leurs gencives.
Un millier d'années a passé depuis
Qu'Agamemnon a dit : « N'ouvrez pas

Les portes ! Qui diable peut avoir besoin
D'un cheval de bois aussi grand ? »
Quel rapport ? Aucun, sinon que
Shaunnessy, mourant de faim,
Refusa l'apéritif auquel
Il avait droit.
Quant au brave Bixby, en dépit de sa
Ressemblance avec un pivert,
Il ne put jamais retirer son
Tricot de corps du vestiaire
Car il avait perdu son ticket, et
Socrate ne voulut pas le lui restituer.

Parnell détenait la réponse, mais nul
Ne voulut lui poser la question.
Aucun, sauf le vieux Lafferty, dont
La blague sur le lapis-lazuli incita
Une génération entière à prendre
Des leçons de samba.
À la vérité, Homère était aveugle, et cela
Explique pourquoi il sortait avec
Toutes ces femmes bizarres.
Mais Aegnus et les Druides portent
Témoignage en faveur de la quête de l'homme
Pour les retouches gratuites.
Blake, lui aussi, en rêva, et
O'Higgins, qui se fit voler son costume
Alors qu'il l'avait sur lui.
La Civilisation affecte la forme d'un
Cercle et se répète alors que la tête
De O'Leary a la forme d'un trapèze.
Réjouis-toi ! Réjouis-toi ! Et téléphone
De temps en temps à ta Mère.

COMMENTAIRES

Voguons. O'Shawn adorait naviguer, bien qu'il ne l'ait jamais fait en mer. Enfant, il avait rêvé de devenir capitaine de vaisseau, mais il y renonça quand on lui expliqua ce que c'était que les requins. Toutefois, son frère aîné, James, réussit à s'engager dans la Marine britannique, d'où il devait être honteusement chassé pour avoir vendu son bateau à un colporteur chinois.

Le menton de Fogarty. Sans aucun doute, voici une référence à George Fogarty, qui convainquit O'Shawn de se faire poète, en lui affirmant qu'on continuerait de l'inviter à dîner. Fogarty publiait une revue consacrée à la jeune poésie, et bien qu'elle n'eût pour unique lecteur que son père, cette revue obtint un succès international.

Fogarty était un Irlandais rubicond et bon vivant, qui ne s'amusait jamais autant que lorsqu'il s'allongeait sur le dos dans un jardin public et imitait la pince à épiler. Il fut victime d'une dépression nerveuse et se fit jeter en prison pour avoir mangé une paire de chaussures en peau de porc le Vendredi saint.

Le menton de Fogarty suscitait la moquerie par sa petitesse, voisine de la non-existence, au point que, lors de la veillée funèbre de Jim Kelly, il révéla à O'Shawn : « Je donnerais n'importe quoi pour avoir un menton plus grand. Si je n'en trouve pas un très vite, je suis capable de faire une bêtise. » Entre parenthèses, Fogarty était très lié avec Bernard Shaw, qui l'autorisa même une fois à lui toucher la barbe, à condition qu'il quitte le pays ensuite.

Alexandrie. L'œuvre poétique de O'Shawn four-mille d'allusions au Proche-Orient, et son poème qui commence par « À Bethléem, dans la mousse de savon… » traite avec causticité de l'industrie hôtelière vue par les yeux d'une momie.

Les Frères Beamish. Deux frères un peu demeurés qui tentèrent d'aller de Belfast en Écosse en s'expé-diant mutuellement par la poste.

Liam Beamish fréquenta un collège de jésuites avec O'Shawn, mais fut expulsé pour s'être cos-tumé en chiffre cinq pendant le cours d'ortho-graphe. Quincy Beamish, le plus introverti des deux, garda un coussin d'ameublement sur la tête jusqu'à l'âge de quarante et un ans.

Les frères Beamish avaient pris l'habitude de venir chez O'Shawn et de lui manger son déjeuner, juste avant qu'il passe à table. Toutefois, O'Shawn se souvient d'eux sans la moindre amertume. Dans son sonnet *Mon amour ressemble à un grand yak*, ils figurent symboliquement les deux bouts de table.

La Tour. Quand O'Shawn quitta le domicile de ses parents, il vécut dans une tour, au sud de Dublin. Il s'agissait d'une très petite tour, haute de un mètre soixante environ, soit dix centimètres de moins que O'Shawn. Il partageait cette résidence avec Harry O'Connell, auteur de moindre envergure dont la tragédie en vers *le Bœuf musqué* connut un échec retentissant, les acteurs ayant été chloroformés juste avant la première.

O'Connell eut toutefois une grande influence sur le style de O'Shawn. C'est lui qui réussit à le convaincre de ne plus commencer tout ses poèmes par « Les roses sont rouges, les violettes sont bleues. »

Fiers de leurs gencives. Les frères Beamish possédaient des gencives d'une exceptionnelle solidité. Liam Beamish pouvait ôter son dentier et manger des cacahuètes, ce qu'il fit chaque jour seize ans durant, jusqu'à ce que son père lui fasse comprendre que ce n'était pas un métier.

Agamemnon. O'Shawn a toujours été obsédé par la guerre de Troie. Il n'arrivait pas à admettre qu'une armée fût assez stupide pour accepter un cadeau envoyé par l'ennemi en temps de guerre. D'autant qu'en s'approchant, on entendait distinctement rire à l'intérieur du cheval de bois.

Cet épisode de *l'Iliade* semble avoir traumatisé le jeune O'Shawn au point que, toute sa vie durant, il examina avec le plus grand soin tous les cadeaux qu'il recevait, allant même jusqu'à braquer le faisceau d'une torche électrique à l'intérieur d'une paire de souliers offerts pour son anniversaire, tout en criant : « Il y a quelqu'un là-dedans ? Sortez, je vous ai vus ! »

Shaunnessy. Michael Shaunnessy, écrivain mystique et occultiste, convainquit O'Shawn qu'il y aurait une vie après la mort pour tous ceux qui économiseraient la ficelle et les papiers d'emballage.

Shaunnessy était également convaincu que la lune influait sur le comportement humain, et que se faire couper les cheveux pendant une éclipse entraînait la stérilité. O'Shawn fut si passionné par les thèses de Shaunnessy qu'il consacra la plus grande partie de sa vie aux sciences occultes. Toutefois il ne parvint jamais à réaliser son ambition la plus haute : entrer dans une pièce par le trou de la serrure.

La lune figure fréquemment dans les derniers poèmes de O'Shawn ; il avoua un jour à James Joyce que son plus grand plaisir était de plonger son bras dans une jatte de crème par les nuits de pleine lune.

L'allusion à Shaunnessy refusant un apéritif évoque probablement le soir où les deux hommes dînèrent ensemble dans un restaurant macrobiotique, puis s'empressèrent d'aller manger des steaks tartares pour faire glisser la compote de soja au raifort.

Bixby. Eamon Bixby. Homme au fanatisme politique exacerbé qui préconisait le ventriloquisme comme remède aux maux de l'humanité. Disciple fervent de Socrate, il différait du philosophe grec par sa conception de la « bonne vie », que Bixby trouvait impossible tant que tout le monde ne pèserait pas le même poids.

Parnell détenait la réponse. La réponse à laquelle O'Shawn fait allusion est : « Le cuivre », la question étant : « Quelle est la plus importante ressource minière de la Bolivie ? » Que personne n'ait jamais posé cette question à Parnell est compréhensible. Toutefois, on lui demanda un jour de citer le plus gros quadrupède à fourrure existant, et il répondit : « Le poulet », ce en quoi il fut sévèrement critiqué.

Lafferty. Le pédiatre de John Millington Synge. Ce personnage fascinant eut une liaison passionnée avec Molly Bloom, jusqu'à ce qu'il réalise qu'elle était un personnage de roman.

Lafferty adorait faire des farces ; un jour, il fit une pâte avec des œufs et de la farine de maïs et en enveloppa les pieds de Synge. Dès ce jour, Synge se mit à marcher de façon particulière, et ses disciples s'empressèrent de l'imiter, dans l'espoir qu'en reproduisant sa démarche, eux aussi sauraient écrire de belles pièces de théâtre. D'où ces vers : « incita / Une génération entière à prendre / Des leçons de samba. »

Homère était aveugle. Homère symbolisait T. S. Eliot, que O'Shawn considérait comme « un poète d'une immense portée, mais étroit d'épaules ».

Les deux hommes firent connaissance à Londres lors des répétitions de *Meurtre dans la cathédrale* (qui s'intitulait à l'époque *Hellzapoppin*). O'Shawn persuada Eliot de raser ses favoris et d'abandonner tout espoir de devenir danseur de flamenco. Sur quoi, les deux auteurs rédigèrent un manifeste définissant les buts de la « nouvelle poésie », dans lequel ils prenaient l'engagement d'écrire moins de poèmes mettant en scène des lapins.

Aegnus et les Druides. O'Shawn était influencé par la mythologie celte, et son poème débutant par « Ne vêtissons pas ceux qui ne sont point nus » raconte comment les dieux de l'ancienne Irlande changèrent deux amants en une collection complète de l'*Encyclopaedia Britannica*.

Retouches gratuites. Ceci fait probablement allusion au vœu de O'Shawn de « retoucher la race humaine » qu'il trouvait foncièrement dépravée, surtout les jockeys. O'Shawn était un incurable pessimiste, certain qu'on ne tirerait rien de bon de l'humanité à moins d'abaisser la température du corps de seize degrés et demi, ce qui, à ses yeux, n'était pas très raisonnable.

Blake. O'Shawn était mystique, et, tout comme Blake, croyait à des puissances invisibles. Il fut conforté dans cette conviction quand son frère Ben fut frappé par la foudre alors qu'il léchait un timbre-poste. La foudre épargna la vie de Ben, ce que O'Shawn attribua à la Providence, bien qu'il fallût dix-sept ans à son frère pour se décoller la langue.

O'Higgins. Patrick O'Higgins présenta O'Shawn à Polly Flaherty, qui devait devenir sa femme après dix ans de fiançailles au cours desquelles les deux futurs époux se contentèrent de se rencontrer en secret et de haleter l'un vers l'autre.

Polly ne comprit jamais la véritable raison de la célébrité de son mari, et l'attribua jusqu'au bout à l'habitude qu'il avait de pousser un cri perçant chaque fois qu'il mangeait une pomme.

La tête de O'Leary. Il s'agit de la cime du mont O'Leary, où O'Shawn déclara son amour à Polly juste avant qu'elle n'en tombe. O'Shawn alla lui rendre visite à l'hôpital et gagna son cœur en lui dédiant son poème *Toute chair se décompose.*

Téléphone à ta mère. Sur son lit de mort, Bridget, la mère de O'Shawn, le supplia d'abandonner la poésie et de devenir représentant en aspirateurs. O'Shawn ne voulut pas le lui promettre, et souffrit d'un sentiment de culpabilité tout le reste de sa vie, bien que, lors de la Conférence internationale de Poésie à Genève, il ait vendu un Hoover à W.H. Auden et un Tornado à Wallace Stevens.

– 6 –

LES PARCHEMINS

Les esprits curieux se souviendront que, voici plusieurs années, un berger, voyageant dans le golfe d'Akaba, faillit se casser une jambe en tombant dans un caveau, qui renfermait plusieurs grandes jarres de terre cuite ainsi que deux tickets pour le Palais de Glace. L'on découvrit à l'intérieur des jarres six rouleaux de parchemin couverts d'une écriture aussi ancienne qu'incompréhensible, que le berger, dans son ignorance, céda au Muséum pour 750 000 dollars pièce.

Deux ans plus tard, on devait retrouver les jarres vides chez un prêteur sur gages de Philadelphie. Un an après, ce fut le berger qu'on retrouva chez le même prêteur sur gages, mais personne ne vint le réclamer.

Les archéologues pensent que l'origine de ces manuscrits remonte à l'an 4000 avant Jésus-Christ, soit juste après le massacre des Israélites par leurs bienfaiteurs.

L'écriture est un mélange de sumérien, d'araméen et de babylonien, et semble avoir été tracée soit par un seul homme au cours de longues années, soit par plusieurs qui tenaient le même pinceau.

L'on met aujourd'hui en doute l'authenticité de ces parchemins, singulièrement depuis qu'on y a découvert le mot « Oldsmobile » plusieurs fois dans le texte. En outre, les quelques fragments que l'on a réussi à traduire tant bien que mal traitent les religions traditionnelles de façon plus que suspecte.

Cela étant, le spécialiste des fouilles A.H. Bauer a fait remarquer que même si les fragments semblent totalement apocryphes, nous nous trouvons tout de même en présence de la plus grande découverte archéologique de l'Histoire, du moins depuis le jour où il avait retrouvé ses boutons de manchettes dans un tombeau à Jérusalem.

Nous reproduisons ci-dessous les fragments reconstitués.

– I –

… Et le Seigneur fit un pari avec Satan pour éprouver la loyauté de Job, et le Seigneur, sans raison valable, frappa Job sur la tête, puis le frappa encore sur l'oreille droite et le poussa dans un chaudron de sauce Béchamel de façon à rendre Job gluant et sale, ensuite de quoi Il coupa une tranche de la vache de Job, et Job s'écria :

– Pourquoi découpes-Tu ma vache ? Les vaches coûtent cher ! Maintenant, il me manque un morceau de vache, et justement le meilleur !

Alors le Seigneur apporta les Tables de la Loi, et coinça dedans le nez de Job. Et quand la femme de Job vit cela elle se lamenta, et le Seigneur lui envoya

52

un Ange de Miséricorde qui lui oignit la tête à coups de maillet de polo, et des dix Plaies d'Égypte le Seigneur lui envoya les six premières inclusivement, et Job eut des tas de douleurs, et sa femme fut très en colère et jeta de la cendre sur ses vêtements, et refusa de se brosser.

Alors les pâturages de Job se desséchèrent et sa langue se souda à son palais, si bien qu'il ne pouvait plus prononcer le mot « encens » sans provoquer l'hilarité générale.

Et un jour que le Seigneur, alors qu'il s'apprêtait à jeter un nouveau sort sur son fidèle serviteur, s'était approché un poil trop près, Job l'empoigna par le cou et s'écria :

– Ah, ah ! Maintenant, je Te tiens ! Pourquoi me fais-Tu endurer toutes ces avanies, hein ? Hein ? Mais parleras-Tu ?

Et le Seigneur dit :

– Eh ! Attention ! C'est mon cou que tu tiens !… Veux-tu bien me lâcher !

Mais Job fut insensible à la pitié et dit :

– Tout marchait très bien avant Ton arrivée ! J'avais de la myrrhe en abondance, ainsi que des figuiers, et aussi un manteau de toutes les couleurs avec deux pantalons assortis ! Et maintenant, regarde-moi !

Et le Seigneur parla d'une voix tonnante :

– Suis-je donc obligé, Moi qui ai créé le ciel et la terre, de t'expliquer mes moindres actions ? Qu'as-tu donc créé, toi qui oses me questionner ?

– Ce n'est pas une réponse, fit Job. Et pour quelqu'un qui se déclare Tout-Puissant, laisse-moi Te dire que « tabernacle » ne prend qu'un *l* !

Alors Job tomba à genoux et cria au Seigneur :

– Ton royaume détient la puissance et la gloire !
Tu as un bon boulot, essaie de le faire correctement !

– II –

… Et Abraham s'éveilla au milieu de la nuit et
dit à son fils unique Isaac :

– J'ai fait un rêve où la voix du Seigneur m'or-
donnait de sacrifier mon seul enfant, aussi habille-
toi en vitesse.

Et Isaac trembla et demanda :

– Alors, qu'as-tu répondu ? Je veux dire quand il
t'a annoncé tout ça ?

– Que pouvais-je répondre ? fit Abraham. Je suis
là, à deux heures du matin, en chemise de nuit, en
face du Créateur de l'Univers. Qu'est-ce que je peux
dire ?

Isaac demanda des précisions :

– Il a bien dit qu'il veut que tu me sacrifies ?

Mais Abraham dit :

– Le croyant ne pose pas de questions. Maintenant allons-y parce que je n'ai pas que ça à faire !

Alors Sarah, qui avait écouté sans mot dire le
projet d'Abraham, s'échauffa et dit :

– Comment peux-tu être certain que c'était bien
le Seigneur, et pas un de tes farceurs de copains ?
Car il est dit que le Seigneur déteste les farces de
mauvais goût, et que tout homme qui fait des farces
sera livré aux mains de ses ennemis, même s'ils
refusent de signer le récépissé !

Sur quoi Abraham répondit sans se démonter :

– Je suis bien certain que c'était le Seigneur ! Il avait une voix profonde, retentissante, bien modulée, et personne dans ce désert ne peut produire des hurlements comme ça !

Alors Sarah dit :

– Et tu tiens à aller jusqu'au bout de ce projet ridicule ?

Mais Abraham lui rétorqua :

– Franchement oui, car mettre en doute la parole du Seigneur est la dernière chose à faire, avec la situation économique actuelle !

Alors il emmena Isaac dans un endroit lointain et s'apprêta à le sacrifier, mais à la dernière minute, le Seigneur saisit la main d'Abraham et lui demanda :

– Comment peux-tu faire une chose pareille ?

Abraham protesta :

– Mais c'est Toi qui m'as dit…

– Ne t'occupe pas de ce que je dis, énonça le Seigneur. Est-ce que tu avales tous les bobards qu'on te raconte ?

– Euh… eh bien… non, dit Abraham, honteux.

– Alors, je suggère par manière de plaisanterie que tu sacrifies ton propre fils, et toi tu le fais aussitôt, sans discuter, sans te poser de questions ?

Et Abraham tomba à genoux :

– C'est que, Seigneur, avec Toi, on ne sait jamais quand Tu plaisantes !

Le Seigneur tonna :

– Aucun sens de l'humour ! C'est incroyable !

– Mais cela ne prouve-t-il pas que je T'aime ? J'étais prêt à tuer mon fils unique pour Te montrer mon amour…

Et le Seigneur parla, en sa grande sagesse :

– Ça ne prouve qu'une chose : que des crétins suivront toujours les ordres, si imbéciles soient-ils, pour peu qu'ils soient formulés par une voix autoritaire, retentissante et bien modulée !

Là-dessus, le Seigneur ordonna à Abraham de prendre quelque repos et de se pointer à son bureau le lendemain à la première heure.

– III –

… Et il advint qu'un homme qui vendait des chemises fut frappé par la récession. Ses stocks lui restaient sur les bras et il ne prospérait point. Alors il pria et dit dans sa prière :

– Seigneur ! Pourquoi me laisses-Tu souffrir de la sorte ? Tous mes concurrents font de bonnes affaires, et moi pas. Et nous sommes en pleine saison ! Mes chemises sont de première qualité, jette un coup d'œil à ce rayon : cols transformables, poignets mousquetaires, rien ne se vend. Pourtant, j'ai observé tous Tes commandements ! Mais enfin, pourquoi ne puis-je pas y arriver, alors que mon frère fait son beurre dans le prêt-à-porter pour enfants ?

Le Seigneur écouta l'homme, et dit :

– J'ai une idée, pour tes chemises…

– Oui, Seigneur ? fit l'homme en tombant à genoux.

– Mets un petit crocodile sur la poche.

– Pardon, Seigneur ?

– Fais ce que je te dis, tu ne le regretteras point.

Alors l'homme cousit sur toutes ses chemises un petit crocodile, et voilà soudain que sa camelote s'arracha comme des petits pains, et qu'il y eut de grandes réjouissances dans sa famille, tandis que parmi ses concurrents, il y eut des pleurs et des grincements de dents, si bien que l'un d'eux dit avec amertume :

– Le Seigneur est miséricordieux. Il m'a permis de m'étendre dans ses verts pâturages. L'ennui, c'est que je me suis fait boulotter par les crocodiles.

DEUXIÈME PARTIE

TRADITIONS ET CROYANCES POPULAIRES

– 7 –

PROVERBES ET SENTENCES

Faire des abominations est interdit par la loi, particulièrement quand on porte un bavoir.

*
* *

Le lion et l'agneau partageront la même couche, mais l'agneau ne dormira pas beaucoup.

*
* *

Celui qui ne périra ni par le fer ni par la famine, périra par la peste, alors à quoi bon se raser ?

*
* *

Les méchants ont sans doute compris quelque chose que les bons ignorent.

*
* *

Quiconque a une bonne conduite sera récompensé, mais celui qui roule en conduite intérieure n'attrapera pas de courants d'air.

*
* *

Mon Dieu, Mon Dieu ! Qu'as-Tu fait la semaine dernière ?

ANIMAUX FABULEUX

Voici quelques exemples des créations les plus extraordinaires de toute la littérature mondiale, que j'ai réunis dans une œuvre en quatre forts volumes que les éditions Soldeur et Fils ont l'intention de publier pendant la prochaine grève des bergers norvégiens.

– I –

LE NIOURK

Le niourk est un oiseau long de cinq à six centimètres, doué de la parole, mais qui ne parle de lui qu'à la troisième personne, comme ceci : « Il est grand, ce petit oiseau, hein ? »

La mythologie perse prétend que si un niourk se pose le matin sur l'appui de la fenêtre, un proche parent fera un gros héritage, ou se cassera les deux jambes dans une vente de charité.

On raconte que Zarathoustra avait reçu un niourk en cadeau pour son anniversaire, bien qu'il ait eu fortement envie d'un pantalon gris. Le niourk figure également dans la mythologie babylonienne, mais il est alors dépeint comme sarcastique, et répétant à tout bout de champ : « Ah ! La barbe ! »

Certains lecteurs ont peut-être entendu parler d'un opéra peu connu de Holstein, intitulé *Taffelspitz*, dans lequel une jeune muette tombe amoureuse d'un niourk, l'embrasse sur le bec, après quoi tous deux volent avec grâce jusqu'au baisser de rideau.

— II —

LE SCHMOLL VOLANT

C'est un lézard muni de quatre cents yeux, deux cents pour voir au loin, et deux cents pour lire le journal. Selon la légende, si un homme regarde un schmoll droit dans les yeux, il perd immédiatement son permis de conduire.

Légendaire aussi est le cimetière des schmolls, cet endroit si secret que même les schmolls ignorent où il se trouve, à tel point que si un schmoll tombe raide mort, il reste sur place jusqu'à ce qu'on vienne le ramasser.

Dans la mythologie nordique, Loki tente de découvrir le cimetière des schmolls, mais au cours de sa recherche, il rencontre de jeunes sirènes se baignant dans le Rhin, et, on ne sait trop comment, attrape la fièvre aphteuse.

– III –

LE CROQUIN

Le croquin est un monstre marin avec le corps d'un crabe et la tête d'un expert comptable assermenté.

L'on dit des croquins qu'ils possèdent des voix merveilleuses, lesquelles rendent fous les marins qui les entendent, particulièrement sur des airs de Cole Porter.

Tuer un croquin porte malheur. Dans un poème de sir Herbert Figg, un marin en tue un. Aussitôt, son bateau est emporté par la tempête, si bien que l'équipage doit s'emparer du capitaine et jeter ses fausses dents à la mer pour délester le bâtiment.

– IV –

LE GRAND RHOU

Le grand rhou est un animal mythique, qui a la tête d'un lion et le corps d'un lion, mais ce n'est pas du tout un lion.

Le rhou a la réputation de dormir pendant mille ans, puis de prendre soudainement feu, particulièrement s'il fumait au lit.

On dit qu'Ulysse avait éveillé un rhou au bout de six cents ans mais le trouva si léthargique et si grognon qu'il le laissa se rendormir pour la grasse matinée.

L'apparition d'un rhou est généralement considérée comme maléfique, et précède la plupart du temps une famine ou une invitation à un vernissage.

– V –

LA MOUGNARDE

La mougnarde est une grande souris blanche avec, imprimées sur l'estomac, les paroles de *Chantons sous la pluie*.

La mougnarde est absolument unique parmi les rongeurs, en ce qu'on peut en jouer comme d'un accordéon.

Proche parent de la mougnarde est le bistacle, un petit écureuil qui sait siffler et connaît personnellement le maire de Detroit.

– 9 –

CONTES ET LÉGENDES

– I –

L'EMPEREUR

L'empereur Ho Sin fit un rêve dans lequel il trouvait un palais plus beau et plus grand que le sien pour un loyer inférieur de moitié. Franchissant le portail de l'édifice, Ho Sin s'aperçut soudain que son corps était redevenu juvénile, bien que son esprit conservât un âge de soixante-cinq à soixante-dix ans.

Ouvrant une porte, il trouva une autre porte, qui menait à une troisième. Plus tard, il s'aperçut qu'il avait franchi cent portes et se trouvait désormais dans l'arrière-cour.

Juste au moment où Ho Sin atteignait les confins du désespoir, un rossignol vint se percher sur son épaule, et chanta la plus merveilleuse chanson qu'il eût jamais entendue, après quoi il lui mordit le nez.

Désillusionné, Ho Sin s'approcha d'un miroir, et au lieu d'y contempler son propre reflet, il y vit

67

un homme nommé Mendel Goldblatt, employé de l'entreprise de plomberie Wasserman, qui l'accusa de lui avoir volé son manteau.

C'est ainsi que Ho Sin apprit le grand secret de la Vie, qui était : « Ne chante jamais la tyrolienne. »

Lorsque l'empereur s'éveilla, il ruisselait d'une sueur glaciale, et ne réussit pas à savoir s'il avait rêvé, ou s'il se trouvait dans un rêve rêvé par un de ses esclaves.

— II —

LE MAGICIEN

Aux Indes, un sage paria à un magicien qu'il ne pourrait pas le tromper par ses trucs, sur quoi le magicien frappa le sage sur la tête et le changea en pigeon.

Alors le pigeon s'envola par la fenêtre et gagna Madagascar, où il fit suivre ses bagages.

L'épouse du sage, qui avait assisté à tout cela, demanda au magicien s'il pouvait aussi changer des choses en or, et si oui, qu'il change donc son frère en trois dollars, comme ça la journée ne serait pas entièrement perdue.

Le magicien lui répondit que pour apprendre un tel truc, il fallait se rendre aux quatre coins du monde, de préférence hors saison, car trois coins sont toujours retenus depuis Pâques.

L'épouse réfléchit un moment, puis partit en pèlerinage pour La Mecque, oubliant de fermer le gaz. Dix-sept ans plus tard, elle revint, après une entrevue avec le Grand Lama, et fut prise en charge par la Sécurité sociale.

(Cette histoire fait partie d'une série de légendes hindoues qui révèlent de façon symbolique l'origine du blé. – L'Auteur.)

– III –

LA PLANÈTE

Certains astronomes, et non des moindres, ont parlé d'une planète inhabitée qu'ils appellent Quelm, si éloignée de la terre qu'il faudrait six millions d'années pour s'y rendre à un homme voyageant à la vitesse de la lumière – mais il est question d'une autoroute qui fera gagner deux bonnes heures sur le trajet.

Comme la température sur Quelm avoisine trente mille degrés au-dessous de zéro, la baignade est interdite ; les plagistes, qui faisaient de mauvaises affaires, se sont reconvertis dans le commerce des marrons chauds.

À cause de son éloignement du centre du système solaire, la gravitation est inconnue sur Quelm, ce qui pose certains problèmes quand on veut s'asseoir dans l'herbe pour pique-niquer.

Outre tous ces désavantages sur Quelm, il n'y a aucun oxygène pour respirer comme c'est la coutume chez nous, et les rares créatures qui existent là-bas ne peuvent gagner leur vie qu'en ayant une activité d'appoint après les heures de bureau.

Toutefois, une légende existe selon laquelle, voici des trilliards d'années, l'environnement n'était pas tellement horrible – en tout cas moins qu'à Pittsburgh – et que des êtres humains vivaient à Quelm. Ces humains – en tout point semblables à des hommes, à l'exception d'un cœur de laitue à l'emplacement du nez – étaient tous des philosophes. En tant que philosophes, ils se fondaient principalement sur la logique, et étaient convaincus que, puisque la vie existait, quelqu'un devait l'avoir créée, et ils croyaient en l'existence d'un Homme Infiniment Parfait, aux cheveux noirs, tatoué, et vêtu d'une vareuse d'officier de marine.

Quand ils virent que leur Dieu ne se matérialisait pas, ils abandonnèrent la philosophie et se lancèrent dans la vente par correspondance, mais le prix des timbres augmenta, et ils périrent.

– 10 –

ÉTUDE DE DIVERS
PHÉNOMÈNES PSYCHIQUES

Il ne fait aucun doute qu'il existe un monde invisible. Cependant, il est permis de se demander à quelle distance il se trouve du centre-ville et jusqu'à quelle heure il est ouvert.

Un homme peut voir des esprits. Un autre entendra des voix. Un troisième, à son réveil, se trouvera en train de courir dans l'Himalaya. Lequel d'entre nous n'a jamais, à un moment ou à un autre, senti une main glaciale se poser sur sa nuque alors qu'il était seul chez lui ? (Pas moi, Dieu merci, mais d'autres ont connu cette sensation.)

Qu'y a-t-il derrière ces expériences ? Ou devant ?

Est-il vrai que certains individus peuvent prévoir l'avenir ou communiquer avec des fantômes ? Et après la mort, est-il possible de prendre sa douche ?

Heureusement, toutes ces questions sur les phénomènes psychiques trouvent leur réponse dans un livre qui sera publié incessamment, *Bouh !* du docteur Osgood Mulford Twelge, l'éminent parapsychologue et professeur d'ectoplasmie de l'université de Columbia. Le docteur Twelge a rassemblé une remarquable quantité d'incidents surnaturels qui couvrent en totalité le champ des phénomènes psychiques, depuis la banale transmission de pensée jusqu'à l'expérience bizarrissime de ces deux frères habitant aux antipodes l'un de l'autre. Chaque fois que l'un d'eux prenait un bain, l'autre devenait subitement propre.

Voici quelques exemples des plus célèbres cas du docteur Twelge, avec ses commentaires.

— I —

APPARITIONS

Le 16 mars 1882, M. J.C. Dubbs s'éveilla en plein milieu de la nuit et vit son frère Amos – lequel était mort depuis quatorze ans – assis au pied de son lit en train de plumer des poulets. Dubbs demanda à son frère ce qu'il faisait là ; son frère lui dit de ne pas s'inquiéter, il était bien mort et n'était revenu que pour le week-end. Dubbs demanda à son frère de quoi avait l'air « l'autre monde » et son frère lui répondit que cela ressemblait un peu à Cleveland. Il dit qu'il était revenu pour transmettre à Dubbs un message, selon lequel c'était une grave erreur que de porter des chaussettes écossaises avec un costume bleu marine croisé.

À cet instant, la servante de Dubbs entra et vit son maître parlant à « une vapeur informe et blanchâtre » qui, reconnut-elle, lui rappelait effectivement Amos Dubbs, mais en plus propre. Finalement, le fantôme demanda à Dubbs d'interpréter avec lui un aria de

Faust, que tous deux chantèrent avec beaucoup de sentiment.

Quand le jour se leva, le fantôme s'en alla à travers le mur, et Dubbs, essayant de le suivre, se cassa le nez.

Commentaire : Ceci semble être un cas classique du phénomène d'apparition, et si l'on peut en croire le témoignage de Dubbs, le fantôme revint quelque temps après, à l'heure du dîner. Mme Dubbs renversa sa chaise et sauta par-dessus la table pendant vingt minutes jusqu'à ce qu'elle dérape dans la sauce. Il est intéressant de noter que les esprits ont tendance à se montrer malicieux, ce que A.F. Childe, le mystique anglais, attribue à un très net sentiment de l'infériorité qu'ils éprouvent à être morts. Les « apparitions » sont souvent l'apanage d'individus qui ont été victimes d'un décès inhabituel. Amos Dubbs, par exemple, était mort dans des circonstances assez mystérieuses, un fermier l'ayant par mégarde planté au milieu d'une planche de navets.

— II —

L'ESPRIT AILLEURS

M. Albert Sykes rapporte l'expérience suivante : « J'étais en train de manger des biscuits avec quelques amis quand tout à coup je sentis mon esprit m'abandonner pour aller passer un coup de téléphone. Pour une raison que j'ignore, il appela la Compagnie de Fibre de Verre Moscowitz. Puis il vint réintégrer mon corps et resta tranquille pendant une vingtaine de minutes, espérant que personne n'aurait l'idée de vouloir jouer aux charades. Quand la conversation se mit à rouler sur les impôts, il me quitta à nouveau et partit faire un tour en ville. Je suis persuadé qu'il alla visiter la statue de la Liberté, puis assista à la revue du Radio City Music-Hall. À la suite de quoi, il se rendit au Benny's Steak House où il laissa une ardoise de soixante-huit dollars. Alors mon esprit décida de rejoindre mon corps, mais impossible de trouver un taxi. Il se résolut à rentrer à pied et arriva à la maison juste à temps pour les dernières informations télévisées. Je suis certain du moment exact où il se réinstalla dans mon corps car j'éprouvai un frisson soudain, et une voix me dit : « Je suis de retour. Veux-tu me passer les raisins secs ? »

« Ce phénomène s'est reproduit plusieurs fois depuis lors. Une fois, mon esprit partit passer un week-end à Miami, et un autre jour, il fut arrêté pour avoir fauché une cravate au Prisunic. La quatrième fois, ce fut mon corps qui abandonna mon esprit, mais juste le temps d'aller se faire faire une friction. »

Commentaire : L'esprit ailleurs fut très fréquent vers 1910, où l'on rapporta que quantité d'esprits furent trouvés errants aux Indes, à la recherche du consulat américain. Ce phénomène est par bien des côtés similaire à celui de la transsubstantiation, ce processus par lequel une personne se dématérialise subitement pour se rematérialiser dans un autre coin du monde. Ce n'est pas une mauvaise façon de voyager, bien qu'il faille parfois attendre ses bagages une demi-heure. Le cas le plus étonnant de transsubstantiation fut celui de sir Arthur Nurney, qui disparut avec un « pop » très audible alors qu'il prenait un bain, et apparut soudain au milieu des cordes de l'Orchestre symphonique de Vienne. Il y tint la partie de premier violon pendant vingt-sept ans, bien qu'il n'ait su jouer que *Frère Jacques*. Il disparut abruptement un jour pendant l'exécution de la symphonie *Jupiter* de Mozart, pour se retrouver dans le lit de Winston Churchill.

– III –

PRESSENTIMENT

M. Fenton Allentuck relate ce rêve prémonitoire : « Je m'endormis vers les minuit et rêvai que je jouais au whist avec un bouquet garni comme adversaire. Subitement, le rêve se transforma, et je vis mon grand-père sur le point de se faire écraser par un camion de déménagement en plein milieu d'une rue où il dansait avec un mannequin de couturière. Je tentai de crier, mais quand j'ouvris la bouche, l'unique son qui en sortit fut un bouquet garni, et mon grand-père fut ratatiné.

« Je m'éveillai trempé de sueur, courus chez mon grand-père et lui demandai s'il avait l'intention d'aller danser avec un mannequin de couturière. Il me répondit bien sûr par la négative, bien qu'il eût un instant envisagé de se déguiser en pâtre grec pour tromper ses ennemis. Je rentrai chez moi soulagé, mais j'appris plus tard que le malheureux vieillard avait glissé sur un sandwich poulet-salade, et était dégringolé de l'Empire State Building. »

Commentaire : Les rêves prémonitoires sont trop fréquents pour qu'on les considère comme de simples coïncidences. Ici, un homme rêve la mort d'un de ses parents, et elle se produit. Tout le monde n'est pas aussi heureux : J. Martinez, de Kennebunkport (Maine), rêva qu'il gagnait le sweepstake irlandais. Mais quand il s'éveilla, il s'aperçut que son lit flottait sur l'océan Pacifique.

– IV –

HYPNOSE

Sir Hugh Swiggles, le philosophe sceptique, relate une intéressante séance d'hypnotisme :

« Nous nous réunîmes dans la maison de Mme Raynaud, le célèbre médium, et fûmes priés de nous asseoir autour de la table et de joindre nos mains. M. Weeks fut pris d'un rire nerveux, et Mme Raynaud le frappa sur le crâne avec un presse-papier. On éteignit les lumières et Mme Raynaud tenta d'entrer en contact avec le mari de Mme Marple, décédé peu auparavant à l'Opéra, suite à l'incendie de sa barbe. Ce qui suit est une transcription fidèle :

MADAME MARPLE

Que voyez-vous ?

MÉDIUM

Je vois un homme aux yeux bleus, coiffé d'un bonnet de bébé.

MADAME MARPLE

C'est bien mon mari !

MÉDIUM

Il s'appelle… Robert. Non… Richard…

MADAME MARPLE

Quincy.

MÉDIUM

Quincy ! C'est bien ça !

MADAME MARPLE

Que pouvez-vous me dire d'autre ?

MÉDIUM

Il est chauve, mais généralement il se pose des feuilles de vigne sur la tête pour que ça ne se remarque pas.

MADAME MARPLE

Oui ! C'est tout à fait lui !

MÉDIUM

Il tient sous son bras un objet bizarre… une côtelette de porc !

MADAME MARPLE

Mon dernier cadeau d'anniversaire ! Vous pouvez le faire parler ?

MÉDIUM

Parle, Esprit. Parle.

QUINCY

Claire, ici Quincy.

MADAME MARPLE

Oh ! Quincy ! Quincy !

QUINCY

Claire, combien de temps doit-on laisser un poulet au four ?

MADAME MARPLE

Oh ! cette voix ! C'est lui ! C'est lui ! C'est lui !

MÉDIUM

Que tout le monde se concentre.

MADAME MARPLE

Quincy, est-ce que tu es bien traité ?

QUINCY

Pas mal, mais ils prennent quatre jours pour le blanchissage.

MADAME MARPLE

Quincy, est-ce que je te manque ?

78

QUINCY

Euh… Oh, bien sûr, biquet, évidemment. Désolé, il faut que je file…

MÉDIUM

Je le perds. Il s'éloigne…

« Je suis prêt à attester la totale véracité de cette séance, si l'on veut bien ne pas tenir compte du phonographe que nous découvrîmes sous la robe de Mme Raynaud. »

Commentaire : Il ne fait aucun doute que certains événements enregistrés lors de séances d'hypnose soient authentiques. Qui ne se souvient du célèbre incident chez Sybil Seretsky, lorsque son poisson rouge se mit à chanter *I got Rythm*, l'air favori de son neveu récemment décédé ? Toutefois, entrer en contact avec les morts présente des difficultés, car la plupart des défunts répugnent à parler en public, et ceux qui y consentent manifestent beaucoup d'hésitation avant d'en venir à l'ordre du jour. Le soussigné témoigne personnellement d'avoir vu une table se soulever. Quant au docteur Joshua Fleagle, de Harvard, il assista à une séance où la table se leva, s'excusa poliment et monta dormir dans une chambre.

– V –

CLAIRVOYANCE

L'un des cas de clairvoyance les plus extraordinaires est celui du célèbre médium grec Achille Londos. Londos s'aperçut qu'il détenait des « pouvoirs exceptionnels » dès l'âge de dix ans. Couché dans son lit, il pouvait en se concentrant faire jaillir les fausses dents de son père hors de sa bouche.

Après que le mari d'une voisine eût disparu depuis trois semaines, Londos lui dit de regarder dans la cheminée, où l'on trouva l'homme en train de tricoter des mitaines.

Londos pouvait se concentrer sur le visage d'une personne et obliger l'image à se reproduire sur une bobine de pellicule Kodak ordinaire. Toutefois, il ne réussit jamais à obtenir un petit oiseau.

En 1964, la police lui demanda son aide pour capturer l'Étrangleur de Düsseldorf, un monstre qui abandonnait toujours un croissant entamé sur la poitrine de ses victimes. Rien qu'en flairant un mouchoir, Londos mena la police à Siegfried Lenz, homme à tout faire dans une école pour volailles handicapées, qui reconnut être l'étrangleur et demanda qu'on lui rende son mouchoir.

Commentaire : Londos fait partie de ces nombreux individus qui possèdent des pouvoirs psychiques, de même que C.N. Jerome, le médium de Newport (Rhode Island). Ce dernier affirme qu'il peut deviner n'importe quelle carte choisie mentalement par un écureuil.

– VI –

PRÉDICTION

Pour finir, nous en arrivons à Aristonidis, ce comte du XVIᵉ siècle dont les prédictions continuent encore de nos jours à éblouir et stupéfier les plus sceptiques. En voici quelques exemples typiques :

« Deux nations vont se faire la guerre, mais une seule gagnera. »

(Les experts pensent que cette prédiction se rapporte à la guerre russo-japonaise de 1904-1905, ce qui est d'autant plus étonnant qu'elle fut faite en 1540.)

« À Istanbul, un homme de couleur voudra se faire blanchir et y perdra la face. »

(En 1860, Abu Hamid, guerrier ottoman, envoya son chapeau au nettoyage, et il revint couvert de taches de graisse.)

« Je vois un grand homme qui inventera un jour pour l'humanité un vêtement destiné à être porté par-dessus le pantalon pour protéger celui-ci des éclaboussures. Ce vêtement s'appellera « taplier » ou « dablier ». »

(Bien entendu, Aristonidis voulait dire « tablier ».)

« Un chef régnera en France. Il sera de petite taille et provoquera de grands désastres. »

(Ici la référence peut s'appliquer soit à Napoléon, soit à Marcel Lumet, un nain du XVIIIᵉ siècle qui fomenta un complot pour jeter de la sauce béarnaise sur Voltaire.)

« Dans le Nouveau Monde, il y aura un pays appelé Californie, et un homme du nom de John Wayne deviendra célèbre. »

(Aucune explication n'est nécessaire.)

TROISIÈME PARTIE

DIVERSES FORMES DE L'ART

– 11 –

GUIDE POUR L'AMATEUR DE BALLETS

– I –

DIMITRI

Le ballet commence à la fête foraine. Il y a des manèges et des attractions. Une foule nombreuse en costumes gaiement colorés danse et rit, avec un accompagnement de flûtes et de hautbois, tandis que les trombones jouent en coulisse et en mineur, suggérant que bientôt il n'y aura plus rien à boire et que tout le monde mourra.

Voici, se promenant sur le champ de foire, une jeune fille très belle nommée Natacha. Elle se sent triste car son père est allé se battre à Khartoum et que là-bas il n'y a pas de guerre. Elle est suivie par Leonid, un jeune étudiant, qui est trop timide pour adresser la parole à Natacha, mais dépose chaque nuit en secret un bol de salade mixte devant sa porte. Très émue par ce présent, Natacha voudrait connaître l'inconnu qui le lui envoie, d'autant plus

85

qu'elle n'aime pas la vinaigrette et préférerait une sauce au roquefort.

Les deux jeunes gens se rencontrent accidentellement alors que Leonid, en train d'écrire une lettre d'amour à Natacha, tombe du grand huit. Elle l'aide à se relever et ils exécutent un pas de deux, après quoi Leonid essaie de l'impressionner en lui roulant des yeux énamourés jusqu'à ce qu'il s'évanouisse d'épuisement et doive être emporté à l'infirmerie. Leonid présente des excuses embarrassées, puis suggère une visite à la tente numéro 5 où se déroule une représentation de marionnettes – invitation qui confirme Natacha dans l'idée qu'elle a affaire à un idiot.

Le spectacle de guignol, cependant, est éblouissant, et une grande marionnette, Dimitri, tombe amoureuse de Natacha. Celle-ci réalise rapidement toutefois que Dimitri, bien qu'il soit en carton-pâte, possède une âme ; aussi quand il lui suggère d'aller s'inscrire dans un hôtel sous le nom de M. et Mme John Smith, elle se sent délicieusement troublée.

Ils exécutent un pas de deux, en dépit du fait qu'elle vient juste d'en danser un et transpire comme une vache. Natacha confesse son amour pour Dimitri et jure que rien ne pourra jamais les séparer, même l'homme qui tire ses ficelles, dût-il dormir sur un divan dans l'entrée.

Leonid, outragé de se voir évincé par une marionnette, tue Dimitri, qui ne meurt pas, et réapparaît sur le toit de la Banque Commerciale, buvant avec arrogance le contenu d'une bouteille d'Air-Wick.

L'action devient confuse, et il y a de grandes réjouissances lorsque Natacha glisse et se fracture le crâne.

– II –

LE SACRIFICE

Un prélude mélodique évoque la parenté de la terre et de l'homme, et explique pourquoi il fait tous ces efforts pour être enseveli en elle. Le rideau se lève sur un vaste désert primitif ressemblant à certains coins du New Jersey.

Les hommes et les femmes sont assis en groupes séparés, puis commencent à danser, mais ils n'ont pas la moindre idée de ce qu'ils font, et s'empressent de se rasseoir.

À présent, un jeune homme au printemps de sa vie entre en scène et danse une invocation au feu. Mais l'on s'aperçoit très vite que lui-même est *en* feu et les régisseurs s'empressent de le ramener en coulisses pour faire chauffer leur gamelle.

Maintenant, l'obscurité revient sur la scène, et l'Homme défie la Nature – un match sensationnel au cours duquel la Nature se fait mordre à la fesse gauche, en conséquence de quoi, pendant les six mois suivants, la température ne s'élève jamais au-dessus de 13 degrés Fahrenheit.

Quand le deuxième tableau commence, le printemps n'a toujours pas fait son apparition, bien qu'on soit à la fin août, et nul ne sait si l'on doit ou non se mettre à l'heure d'été.

Les anciens de la tribu se réunissent et décident d'apaiser le courroux de la Nature en lui sacrifiant une jeune fille. Une vierge est choisie. On lui donne trois heures pour se rendre aux confins de la ville où, lui dit-on, se déroule une barbecue-party. Quand la jeune fille y arrive, elle demande où sont les saucisses grillées. Mais les anciens lui donnent l'ordre de danser jusqu'à la mort. Elle les supplie pathétiquement, leur affirmant qu'elle n'est pas suffisamment bonne danseuse. Les villageois insistent et, à mesure que la musique résonne implacablement, la jeune vierge tourne avec frénésie, finissant par acquérir une telle force centrifuge que ses plombages jaillissent de sa bouche et traversent le terrain de football. Chacun se réjouit, mais trop tôt, car non seulement le printemps ne vient pas, mais deux des anciens les plus respectés se trouvent impliqués dans une affaire de fraude fiscale.

– III –

LE MALÉFICE

L'ouverture commence par le joyeux fracas des cuivres, tandis qu'en arrière-plan, la contrebasse semble nous lancer un avertissement : « N'écoutez pas ces cuivres. Qu'est-ce que les cuivres connaissent de la Vie ? »

Là-dessus, le rideau se lève sur le palais du prince Sigmund, magnifique dans sa splendeur – et au loyer bloqué. On célèbre le vingt et unième anniversaire du Prince, mais il se sent déprimé en ouvrant ses cadeaux, qui, pour la plupart, sont des pyjamas rayés.

L'un après l'autre, ses vieux amis lui présentent leurs respects, et il les remercie d'une poignée de main ou d'une tape dans le dos, selon la façon dont ils sont tournés. Il évoque des souvenirs communs avec son plus vieil ami, Wolfschmidt, et ils font le serment que, si un jour l'un d'eux devient chauve, l'autre portera aussi une perruque.

La troupe danse gaiement en se préparant pour la chasse jusqu'à ce que Sigmund se rappelle que la chasse est fermée. Déception générale, mais la bombance a pris de telles proportions que lorsque l'addition arrive, il y a des grincements de dents.

Las de la vie, Sigmund se rend en dansant jusqu'au bord du lac, où il admire son reflet dans l'eau pendant une bonne vingtaine de minutes, regrettant de ne pas avoir apporté son rasoir et son blaireau. Il entend soudain des bruissements d'ailes : c'est un vol de cygnes sauvages qui passe dans la clarté lunaire ; ils prennent la première à droite et viennent couper toute retraite au Prince.

Sigmund a la surprise de découvrir que leur chef est mi-cygne, mi-femme (malheureusement dans le sens de la hauteur). Elle jette un charme sur Sigmund, lequel s'empresse de dissimuler son chapeau à plumes. Ils dansent un pas de deux qui prend fin lorsque Sigmund est à bout de souffle.

Yvette, la femme-cygne, raconte à Sigmund qu'elle est victime d'un maléfice que lui a jeté un magicien nommé von Epps, et qu'à cause de son apparence physique, il lui est impossible d'obtenir un prêt bancaire.

Lors d'un solo particulièrement difficile, elle lui explique en langage chorégraphique que la seule façon de se débarrasser de la malédiction de von Epps est de trouver un amant qui s'inscrive dans une école de secrétariat pour y apprendre la sténo. Bien que cette idée soit odieuse à Sigmund, il lui jure de le faire pour l'amour d'elle. Soudain, von Epps apparaît sous la forme d'un paquet de linge sale, et emporte Yvette avec lui tandis que le rideau tombe.

L'acte II commence une semaine plus tard, et le Prince s'apprête à épouser Justine, une femme qu'il avait totalement oubliée pendant un moment. Sigmund se sent déchiré par des sentiments contradictoires, car il aime toujours la femme-cygne, mais Justine est très belle aussi, et dépourvue de handicaps physiques tels que plumes ou bec.

Justine exécute une danse de séduction autour de Sigmund, qui semble se demander s'il doit se marier ou aller retrouver Yvette et voir si la chirurgie esthétique peut quelque chose pour elle.

Tintement de cymbales. Entrée de von Epps, le magicien, qui n'était pas invité à la cérémonie, mais promet de ne pas manger beaucoup. Furieux, Sigmund tire son épée et transperce von Epps en plein cœur. Cet incident jette un froid parmi les invités, si bien que la mère de Sigmund demande au chef d'attendre un moment avant d'apporter le rôti.

Cependant, Wolfschmidt, agissant au nom de Sigmund, est parvenu à retrouver Yvette, ce qui, explique-t-il, n'a pas été difficile, car il existe relativement peu de femmes-cygnes dans la région de Hambourg.

Malgré les supplications de Justine, Sigmund va rejoindre Yvette. Justine lui court après et l'embrasse avec violence pendant que l'orchestre interprète une mélodie en la mineur et que nous nous apercevons que Sigmund a mis son collant devant derrière.

Yvette sanglote, expliquant que l'unique moyen qui lui reste pour conjurer le mauvais sort est de mourir. Lors de l'un des plus beaux (et émouvants) passages de l'histoire du ballet, elle se précipite tête la première contre un mur de briques. Sigmund voit son corps se métamorphoser de cygne mort en femme morte, et comprend combien la vie peut être amère pour le gibier. Rendu fou de douleur, il décide de la rejoindre dans la mort, et à la fin d'une élégante danse de deuil, il avale un haltère.

– IV –

LES PRÉDATEURS

Ce célèbre ballet électronique est probablement la plus dramatique de toutes les chorégraphies modernes. Il débute par une ouverture de sons contemporains : bruits de rues, tic-tacs de réveils et un nain interprétant *Hora Staccato* sur un peigne garni de papier hygiénique. Le rideau se lève sur une scène vide. Pendant plusieurs minutes, rien ne se passe ; puis le rideau tombe et c'est l'entracte.

L'acte II commence par un silence total, tandis que plusieurs jeunes gens dansent à la lumière des insectes. Leur chef est une mouche commune ; les autres ressembleraient plutôt à des chenilles. Tous se meuvent sinueusement, dans une musique dissonante, à la recherche d'une énorme brioche au beurre qui apparaît graduellement dans le fond de la scène.

Au moment où ils s'apprêtent à la consommer, ils en sont empêchés par une cohorte de femmes qui transportent une immense bombe de D.D.T.

En pleine panique, les mâles tentent de s'échapper, mais ils sont rejoints et enfermés dans des cages métalliques, sans rien à lire. Les femmes exécutent une danse orgiaque autour des cages, s'apprêtant à dévorer les mâles dès qu'elles auront remis la main sur la sauce de soja.

Tandis que les femmes se préparent à dîner, une jeune fille remarque un mâle particulièrement pitoyable avec ses antennes pendouillantes. Elle est attirée vers lui ; tous deux dansent lentement au son des cors d'harmonie, et il lui murmure à l'oreille : « Ne me mange pas. » Ils tombent amoureux l'un de l'autre et élaborent des plans en vue de leur vol nuptial, mais la jeune femme finit par changer d'avis et dévore le mâle, préférant partager sa chambre avec une copine.

– v –

PRÉLUDE À L'APRÈS-MIDI D'UN FAON

Une musique d'une douceur à peine supportable se fait entendre au lever du rideau, et nous découvrons la forêt par un beau jour d'été. Une faon gambade et grignote lentement quelques feuillages. Il s'allonge paresseusement sur la tendre mousse. Peu après, il commence à tousser et tombe raide mort.

– 12 –

LOVBORG ET SES HÉROÏNES

Aucun auteur à notre connaissance n'a créé de personnages féminins plus fascinants et plus complexes que le grand dramaturge scandinave Jorgen Lovborg, plus connu de ses contemporains sous le nom de Jorgen Lovborg.

Traumatisé et complexé par ses relations atroces avec le sexe opposé, il donna vie à des héroïnes aussi diversifiées qu'inoubliables, de la Jenny Angstrom de *Troupeau d'oies sauvages* à la Mme Spearing de *les Gencives d'une mère*.

Né à Stockholm en 1836, Lovborg (à l'origine : Lövborg jusqu'au jour où il ôta les deux petits points du *o* et les posa sur ses sourcils) commença d'écrire ses premières pièces à l'âge de quatorze ans. Sa première œuvre jouée, portée à la scène l'année de son soixante et unième anniversaire, fut *Ceux qui se tortillent*, laquelle reçut un accueil mitigé des critiques, bien que l'audace de son sujet (les gens qui ne peuvent s'empêcher de tâter les camemberts) eût provoqué des remous dans les publics traditionalistes.

L'œuvre de Lovborg peut être divisée en trois époques. Tout d'abord la série de pièces traitant de l'angoisse, du désespoir, de l'horreur, de la peur et de la solitude (les comédies) ; la deuxième période étudia principalement les questions sociales (Lovborg fut pour beaucoup dans l'adoption des méthodes modernes pour peser les harengs) ; finalement, ce furent les six grandes tragédies écrites juste avant sa mort à Stockholm, en 1902, quand son nez tomba, suite à un excès de tension artérielle.

La première héroïne remarquable de Lovborg fut Hedvig Moldau dans *Je préfère la tyrolienne*, ironique mise en accusation de la manie d'écrire dans les classes supérieures. Hedvig a appris que Greger Norstad a utilisé du mortier de qualité inférieure pour réparer le poulailler, et quand il s'effrite et tombe sur Klavar Akdal, le rendant simultanément aveugle et chauve, elle se sent bourrelée de remords. La scène est bouleversante :

HEDVIG. – Ainsi il s'est effrité…

Docteur RORLUND (*après un long silence*). – Oui. Il est tombé sur le visage d'Akdal.

HEDVIG (*ironiquement*). – Qu'allait-il faire dans le poulailler ?

Docteur RORLUND. – Il aimait les poules. Oh ! Pas toutes les poules, je vous en donne ma parole. Mais quelques-unes. (*Avec intention.*) Il avait ses favorites…

HEDVIG. – Et Norstad ? Où était-il pendant… l'accident ?

Docteur RORLUND. – Il s'est enduit le corps de persil et a sauté dans le puits.

94

HEDVIG (*à elle-même*). – Je ne me marierai jamais !

Docteur RORLUND. – Que dis-tu ?

HEDVIG. – Rien. Venez, docteur. Il est temps de laver vos caleçons… de laver tous les caleçons du monde…

Hedvig, l'une des toutes premières femmes « vraiment » modernes, n'a plus que la force de renifler lorsque le docteur Rorlund lui conseille de courir sur place en attendant que Norstad consente à faire soigner sa tête.

Elle offre une ressemblance troublante avec la propre sœur de Lovborg, Hilda, femme névrosée et dominatrice, épouse d'un pêcheur finlandais irascible, qui finit par la harponner. Lovborg idolâtrait Hilda, et seule l'influence qu'elle avait sur lui le débarrassa de l'habitude de parler à son parapluie.

La deuxième grande héroïne de l'œuvre de Lovborg apparaît dans son drame du désir et de la jalousie : *Hémorragie à trois*. Moltvick Dorf, le dresseur d'anchois, apprend que son frère Eyowulf vient d'hériter la maladie honteuse de leur père. Dorf l'attaque en justice, affirmant que la maladie lui revient légalement, mais le juge Manders soutient la réclamation de Eyowulf et déboute Dorf.

Netta Holm, actrice aussi belle qu'arrogante, tente de persuader Dorf de faire chanter Eyowulf en le menaçant de révéler aux autorités qu'il a jadis signé une police d'assurance à la place d'un manchot. Voici la scène 4 de l'acte II :

DORF. – Oh Netta, tout est perdu. Perdu !

NETTA. – Pour un homme faible, peut-être, mais pas si l'on a du courage…

DORF. – Quel courage ?

NETTA. – Celui de dire au pasteur Smathers qu'il ne recouvrera jamais l'usage de ses jambes et sera obligé de sautiller jusqu'à la fin de sa vie.

DORF. – Netta ! Je ne pourrai jamais !

NETTA. – Ah ! Bien sûr que non ! J'aurais dû m'en douter !

DORF. – Le pasteur Smathers a confiance en Eyowulf. Autrefois, ils ont partagé une tablette de chewing-gum. Oui, c'était avant ma naissance… Oh, Netta…

NETTA. – Cesse de pleurnicher. La banque ne consentira jamais à prolonger l'hypothèque sur le bretzel d'Eyowulf ! Et il en a déjà mangé la moitié…

DORF. – Netta, que me conseilles-tu ?

NETTA. – Rien d'autre que ce que des milliers d'épouses feraient pour leur mari : trempe Eyowulf dans un tonneau de saumure !

DORF. – Que je mette mon propre frère en conserve ?

NETTA. – Et pourquoi pas ? Tu ne lui dois rien !

DORF. – Une mesure aussi radicale ! Netta, pourquoi ne pas lui laisser garder la maladie honteuse de mon père ? Nous pourrions peut-être trouver un compromis ! Peut-être qu'il voudrait bien me céder les symptômes !

NETTA. – Un compromis, laisse-moi rire ! Ta mentalité de petit bourgeois me rend malade ! Oh, Moltvick, j'en ai assez de notre mariage ! Assez de tes idées, de tes manières, de ta conversation… et de ton habitude de mettre des plumes pour dîner !

DORF. – Oh, non ! Pas mes plumes !

NETTA (*dédaigneusement*). – Je vais maintenant te dire quelque chose que je suis seule à savoir avec ta mère : tu es un nain.

DORF. – *Quoi ?*

NETTA. – Tout le mobilier de cette maison a été fabriqué à ta taille ! Tu ne mesures qu'un mètre douze !

DORF. – Non ! Non ! Mes douleurs me reprennent !

NETTA. – Oui, Moltvick !

DORF. – Mes rotules ! Elles palpitent !

NETTA. – Petite nature !

DORF. – Netta, Netta, ouvre les volets, par pitié !

NETTA. – Ils resteront fermés.

DORF. – De la lumière ! Moltvick a besoin de lumière…

Pour Lovborg, Moltvick incarnait la vieille Europe décadente, sur le point de mourir. En revanche, Netta personnifiait la nouvelle – la force de la nature, vibrante et impitoyable, qui allait souffler sur l'Europe durant plus d'un demi-siècle et qui trouverait son expression la plus achevée dans les chansons de Maurice Chevalier. Les relations entre Netta et Moltvick étaient issues en droite ligne du mariage de Lovborg avec Siri Brackman, une comédienne qui lui servit constamment d'inspiratrice tout au long de leur union, laquelle dura huit heures. Lovborg se remaria plusieurs fois par la suite, mais toujours à des poupées gonflables.

De toute évidence, l'héroïne féminine la plus totalement fouillée de tout le théâtre de Lovborg fut Mme Sanstad dans *Poires mûrissantes*, l'ultime drame naturaliste de Lovborg. (Après *Poires*, il se lança dans une tentative de théâtre expressionniste avec une pièce dans laquelle tous les personnages se nommaient Lovborg, mais il se heurta à l'incompréhension générale, et il passa les trois dernières années de sa vie enfermé dans une valise.) *Poires mûrissantes* rivalise avec ses meilleures œuvres, et le dialogue final entre Mme Sanstad et sa belle-fille Berte n'a rien perdu de sa profonde pertinence :

BERTE. – Dites-moi que vous aimez la façon dont nous avons meublé la maison ! Ce fut très dur, sur un salaire de ventriloque ! Nous avons fait des sacrifices.

Mme SANSTAD. – La maison est… habitable.

BERTE. – Comment ? Seulement habitable ?

Mme SANSTAD. – Qui a eu l'idée de cette tête de cerf en satin rouge ?

BERTE. – Votre fils, bien sûr. Henrick est un décorateur-né.

Mme SANSTAD (*brusquement*). – Henrick est un crétin !

BERTE. – Non !

Mme SANSTAD. – Saviez-vous que jusqu'à la semaine dernière, il ignorait ce que c'était que la neige ? Vous avouerez que pour un Scandinave…

BERTE. – Vous mentez !

Mme SANSTAD. – Mon admirable fils ! Oui, Henrick, celui-là même qui est allé en prison pour n'avoir pas su prononcer correctement le mot « diphtongue ».

BERTE. – Non !

Mme SANSTAD. – Si. Même qu'il a partagé sa cellule avec un esquimau !

BERTE. – Je ne veux pas en entendre davantage !

Mme SANSTAD. – Mais si, mon petit rossignol ! – N'est-ce pas ainsi que vous appelle Henrick dans l'intimité ?

BERTE (*pleurant*). – Oui, il m'appelle rossignol ! Et aussi grive ! Et parfois hippopotame !

(*Les deux femmes pleurent sans fausse honte.*)

Mme SANSTAD. – Berte, chère Berte !… Le passe montagne d'Henrick ne lui appartient même pas ! Il le loue à l'année !

BERTE. – Nous devons l'aider ! Il faut lui dire qu'il ne pourra jamais voler en battant des bras.

Mme SANSTAD (*éclatant de rire*). – Henrick sait tout ! Je lui ai dit ce que vous pensiez de ses semelles orthopédiques !

BERTE. – Ah ! Vous m'avez trahie !

Mme SANSTAD. – Appelez-ça comme vous voulez. Il est à Oslo, maintenant.

BERTE. – Oslo !

Mme SANSTAD. – Il a emporté son géranium…

BERTE. – Je vois… Je vois… (*Elle se dirige vers la porte-fenêtre au fond de la scène.*)

Mme SANSTAD. – Oui, mon petit rossignol, le voilà enfin hors de vos griffes. Dans un mois d'ici, il aura réalisé le rêve de sa vie : remplir son chapeau de cendre ! Et vous pensiez pouvoir l'étouffer encore longtemps ici ! Non ! Henrick est une créature sauvage, un fils de la nature, comme le rat ou le moucheron… (*On entend un coup de feu. Mme Sanstad se précipite dans la pièce voisine. Nous l'entendons crier. Elle revient, blême et chancelante.*) Morte… Elle a de la chance !… Mais la vie continue. Oui, la nuit tombe… tombe rapidement, si rapidement, et j'ai encore tous mes pois chiches à faire tremper…

Mme Sanstad était une vengeance de Lovborg vis-à-vis de sa mère, femme exigeante et autoritaire. Elle avait débuté dans la vie comme trapéziste de cirque. Le père, Nils Lövborg, était homme-canon. Tous deux se rencontrèrent dans les airs, et se retrouvèrent mariés avant d'avoir touché le sol. Mais l'amertume s'introduisit dans le couple, et avant que Lovborg eût atteint sa sixième année, ses parents échangeaient quotidiennement des coups de revolver. Cette atmosphère porta ses fruits sur le fragile garçonnet qu'était Jorgen, et il éprouva rapidement les premiers symptômes de ses fameuses « humeurs » et « anxiétés » qui devaient lui interdire, des années durant, de découper un poulet rôti sans soulever son chapeau.

Dans sa vieillesse, il raconta à ses amis qu'il avait été hypertendu pendant toute la rédaction de *Poires mûrissantes*, au point d'entendre à plusieurs reprises la voix de sa mère lui demandant le chemin de Staten Island.

– 13 –

SI LES IMPRESSIONNISTES
AVAIENT ÉTÉ DENTISTES

(Étude sur l'intransigeance artistique)

Cher Théo,

La vie ne me traitera donc jamais convenablement ? Je suis écrasé de désespoir ! Ma tête se perd ! Mme Sol Schwimmer me fait un procès parce que j'ai exécuté son bridge comme je le sentais, et non pour convenir à sa bouche ridicule !

C'est vrai ! Je ne peux pas travailler sur commande comme un artisan ordinaire ! J'avais décidé que son bridge devrait être énorme et ondoyant, avec des dents d'une sauvagerie explosive, flamboyant dans toutes les directions comme autant de feux d'artifice ! Et maintenant, elle est furieuse parce que ça n'entre pas dans sa bouche ! Oh, la stupide bourgeoise, j'ai envie de la battre !

J'ai bien essayé de lui enfoncer l'appareil en forçant, mais il ressort de lui-même comme s'il était vivant. Je le trouve quand même admirable.

101

Elle crie qu'elle ne peut pas mastiquer ! Qu'est-ce que ça peut bien faire, qu'elle mastique ou pas ?

Théo, je ne pourrai pas continuer comme cela très longtemps ! J'ai demandé à Cézanne s'il voulait bien partager un cabinet avec moi, mais il est vieux, infirme, incapable de tenir les instruments ! On doit les attacher à ses poignets, mais il manque un peu de précision, et une fois plongé dans une bouche, il arrache plus de dents qu'il n'en soigne. Que faire ?

VINCENT.

Cher Théo,

J'ai pris quelques clichés de mâchoires aux rayons X cette semaine ; je les trouvais excellents, mais je les ai montrés à Degas, qui a été sévère. Il a trouvé la composition mauvaise, toutes les caries étant accumulées dans le coin inférieur gauche. J'ai eu beau lui expliquer que c'était bel et bien la bouche de Mme Slotkin, il n'a pas voulu me croire !

Il m'a dit qu'il détestait l'ossature, et que les plombages étaient trop épais. Quand il m'a quitté, j'ai pris les clichés et les ai mis en pièces ! Comme si cela ne suffisait pas, j'ai commencé à insensibiliser quelques racines sur Mme Wilma Zardis, mais à la moitié de l'opération, je me suis senti déprimé. Je venais de réaliser subitement que l'insensibilisation des racines ne m'intéresse pas ! J'ai cru que je devenais fou ! J'ai couru hors du cabinet pour aller respirer dans la rue ! J'ai perdu totalement conscience pendant plusieurs jours, et me suis réveillé au bord de la mer ! Quand j'ai regagné mon cabinet, la cliente était toujours dans le fauteuil, la bouche ouverte. Je me suis astreint à terminer le travail, mais n'ai pas eu le courage de le signer.

VINCENT.

Cher Théo,

Une fois encore, j'ai de pressants besoins d'argent. Je sais quelle charge je représente pour toi, mais vers qui d'autre puis-je me tourner ?

J'ai besoin d'acheter du matériel ! Maintenant, je travaille presque uniquement à la mèche d'acier, me laissant aller à la plus totale improvisation, et les résultats me surexcitent. Dieu ! Il ne me reste plus un sou pour acheter de la Novocaïne ! Aujourd'hui, j'ai arraché une dent et il m'a fallu anesthésier le patient en lui lisant du Dreiser ! Au secours !

VINCENT.

Cher Théo,

J'ai décidé de partager un cabinet avec Gauguin. C'est un très bon dentiste qui s'est spécialisé dans les râteliers. Il semble avoir de l'estime pour moi. Il m'a fait de grands compliments de mon travail sur M. Jay Greenglass. Si tu t'en souviens, je lui avais plombé une molaire, puis j'avais trouvé le plombage raté, et tenté de le récupérer. Greenglass se montra intransigeant dans son refus, et nous allâmes en justice.

Il se posa alors la question de la paternité d'une œuvre artistique, et suivant le conseil de mon avocat, je plaidai habilement pour récupérer la dent tout entière, et transigeai pour le plombage. J'ai obtenu gain de cause.

Quelqu'un a vu la dent, posée sur un coin de mon bureau, et veut qu'elle participe à une exposition ! On parle déjà d'une rétrospective de mon œuvre !

VINCENT.

Cher Théo,

Finalement, je me rends compte que c'était une bêtise de partager un cabinet avec Gauguin. Il est un peu dérangé. Il boit de l'eau de Botot toute la journée. Quand je lui en ai fait reproche, il s'est mis dans une rage folle, et a arraché tous mes diplômes du mur.

Quand il se fut enfin calmé, je parvins à le convaincre d'aller plomber les dents au porte-à-porte, et nous sommes allés travailler dans une prairie. Il pose des jaquettes à une certaine Angela Tonnato, et j'ai fait un pansement provisoire à M. Louis Kaufman.

C'était merveilleux ! Travailler de la sorte, ensemble, en pleine nature ! Des rangées entières de dents, éclatantes de blancheur sous le soleil !

Tout à coup, le vent se leva et emporta la perruque de M. Kaufman dans les buissons. Il fila comme un dard pour la récupérer, renversant dans sa précipitation tous les instruments de Gauguin sur le sol.

Gauguin m'injuria et essaya de me frapper, mais atteignit maladroitement M. Kaufman, qui tomba assis en plein sur la roulette qui tournait à pleine vitesse.

Il prit la fuite, emmenant Mlle Tonnato avec lui. Le coup de grâce, Théo, est que le cabinet Rifkin,

Rifkin, Rifkin et Maltzer a fait saisir tout ce que je possède. Envoie-moi tout ce que tu peux.

Vincent.

Cher Théo,

Toulouse-Lautrec est l'homme le plus triste du monde. Il brûle plus que quiconque de devenir un grand dentiste, et il a beaucoup de talent, mais il est trop petit pour atteindre la bouche de ses patients, et trop fier pour monter sur quelque chose.

Les bras levés au-dessus de sa tête, il farfouille à l'aveuglette entre leurs gencives, et hier, au lieu de visser la dent à pivot de Mme Fitelson, il lui a plombé le menton.

Pendant ce temps, mon vieil ami Monet refuse de travailler sur les petites bouches, il lui faut de vastes espaces. Quant à Seurat, qui est très cyclothymique, il a inventé une méthode pour nettoyer une seule dent à la fois, jusqu'à ce qu'il obtienne ce qu'il appelle « une bouche comme neuve ». Je dois reconnaître qu'il obtient de bons résultats, mais est-ce bien de l'art dentaire ?

Vincent.

Cher Théo,

Je suis amoureux. La semaine dernière, Claire Memling est venue me trouver pour une prophylaxie orale. (Je lui avais expédié une carte postale lui disant que son dernier détartrage datait de six mois, bien que je le lui aie fait la semaine dernière.)

Théo, elle me rend fou ! Malade de désir !

Sa morsure ! Je n'ai jamais reçu de morsure semblable ! Ses dents se rejoignent à la perfection ! Pas du tout comme celles de Mme Itkin, dont la mâchoire inférieure avance de deux centimètres sur la supérieure, ce qui donne à ses morsures l'aspect de celles d'un loup-garou ! Non ! Les dents de Claire se referment et se rejoignent hermétiquement comme les mâchoires d'un étau !

En outre, elle n'est pas trop parfaite. Pas sans défaut au point de devenir fade. Elle a un trou entre sa neuvième dent inférieure et la onzième. Elle a perdu la dixième pendant son adolescence. Brusquement, sans signe avant-coureur, elle fut atteinte de carie. On l'arracha assez facilement (très facilement même, puisqu'elle tomba toute seule tandis qu'elle dormait) et elle ne fut jamais remplacée. « Rien ne pourrait remplacer ma dent », me dit-elle. « C'était plus qu'une dent pour moi, c'était ma vie ! »

Elle parle très peu de cette dent, et le fait qu'elle m'en ait entretenu prouve sa confiance en moi. Oh, Théo, je l'aime !

Ce matin encore, je regardais dans sa bouche, et je me sentais comme un jeune étudiant en première année d'école dentaire, nerveux au point de laisser tomber pince et miroir dans cette cavité rose !

Un peu plus tard, je l'entourai de mes bras pour lui montrer la meilleure façon de se brosser les dents. La chère petite folle avait l'habitude de tenir sa brosse immobile, et de remuer la tête en tous sens.

Mercredi prochain, je l'endormirai au protoxyde d'azote et lui demanderai de m'épouser.

VINCENT.

Cher Théo,

Tout est fini ! J'avais décidé aujourd'hui de demander sa main à Claire. J'étais très tendu. Elle était splendide dans sa robe d'organdi blanc, avec son canotier et ses gencives émouvantes !

Quand elle fut assise dans le fauteuil, le davier dans la bouche, mon cœur faillit éclater. J'essayai de me montrer romantique. Je tamisai les lumières et amenai la conversation sur des sujets plaisants. Nous prîmes tous les deux une bouffée de gaz. Quand le moment me sembla propice, je la regardai droit dans les yeux et dis : « Crachez ! » Et elle éclata de rire !

Oui, Théo ! Elle a ri de moi, puis s'est mise en colère. « Vous croyez que je vais cracher pour un homme comme vous ? Quelle plaisanterie ! » J'ai dit : « Je vous en prie, vous vous méprenez ! » Elle a répliqué : « J'ai très bien compris ! Je ne cracherai jamais que pour un orthodontiste diplômé ! L'idée que je pourrais cracher ici ! Écartez-vous de moi ! » Et là-dessus, elle s'est sauvée en pleurant.

Théo, je veux mourir ! Je regarde mon visage dans le miroir, et j'ai envie de les briser tous les deux ! Tous les deux ! J'espère que tu vas bien.

VINCENT.

Cher Théo,

Oui, c'est vrai. L'oreille qui est en vitrine au Grand Bazar Fleischman est bien la mienne. Maintenant, je me rends compte que c'était une chose insensée, mais je tenais à envoyer un cadeau d'anniversaire à Claire dimanche dernier, et tous les magasins étaient fermés.

Parfois, je regrette de n'avoir pas suivi les conseils de Père, et de ne pas m'être fait artiste peintre. Ce n'est pas un métier passionnant, mais on mène au moins une vie régulière. Bien à toi.

VINCENT.

QUATRIÈME PARTIE

CONTESTATION ET RÉPRESSION

– 14 –

PETIT PRÉCIS DE DÉSOBÉISSANCE CIVILE

Pour fomenter une révolution, deux facteurs sont indispensables : quelqu'un ou quelque chose contre quoi se révolter, et quelqu'un pour se révolter.

Aucun habillement spécial n'est nécessaire, et les deux partis ne sont à cheval ni sur le lieu ni sur l'horaire, mais si l'une des factions fait faux bond, toute l'entreprise risque de partir à vau-l'eau. Ainsi, lors de la révolution chinoise de 1650, aucun des groupes antagonistes ne se manifesta, si bien que cette révolution n'est pas citée dans les manuels d'histoire, et c'est injuste.

Les gens ou les partis contre lesquels on s'insurge sont appelés « les oppresseurs ». On les reconnaît facilement à ce qu'ils sont les seuls à s'amuser. En règle générale, les « oppresseurs » portent des costumes sur mesure, possèdent de vastes propriétés et peuvent faire du bruit la nuit sans qu'on leur crie après. Leur fonction consiste à maintenir le *statu quo* (tout reste pareil, sauf un ravalement tous les deux ans).

Quand les « oppresseurs » deviennent trop sévères, nous avons ce que nous appelons un État policier, dans lequel toute contestation est interdite, c'est-à-dire ricaner, porter un chapeau melon, où traiter le maire de grosse vache.

Dans un État policier, les libertés civiles sont terriblement restreintes, et la liberté d'expression est inconnue, sauf à la rigueur chez les mimes.

Il est formellement interdit de critiquer les gouvernants, surtout sur leur façon de chanter l'hymne national.

La liberté de la presse est étroitement surveillée et le parti en place écrème les informations, ne laissant parvenir aux citoyens que les idées politiques dans la ligne, et les résultats de football qui ne risquent pas de provoquer l'agitation.

Les groupes qui se révoltent sont appelés les « opprimés ». On peut généralement les voir tourner en rond et grommeler, ou dire qu'ils sont malades. (Il est bon de remarquer que les oppresseurs ne se révoltent jamais et refusent de devenir des opprimés.)

Voici quelques exemples célèbres de révolutions.

La Révolution française, au cours de laquelle les paysans s'emparèrent du pouvoir par la force, et s'empressèrent de changer toutes les serrures du palais pour empêcher les nobles de revenir. Ensuite, ils donnèrent une grande fête et se gobergèrent. Quand les nobles réussirent finalement à reprendre le palais, ils furent obligés de tout nettoyer, et trouvèrent des brûlures de cigarettes sur les tapisseries.

La Révolution russe, qui fermenta pendant des années, puis éclata soudain quand les serfs finirent

112

par s'apercevoir que le Czar et le Tsar étaient la même personne.

Il est intéressant de noter qu'une fois la révolution terminée, les « opprimés » prennent la succession et commencent à agir comme les « oppresseurs ». Comme il se doit, à ce moment-là, on ne peut plus les obtenir au téléphone, et macache pour se faire prêter un peu d'argent pour acheter des cigarettes ou du chewing-gum.

MÉTHODES DE DÉSOBÉISSANCE CIVILE

Grève de la faim. Les opprimés demeurent sans nourriture jusqu'à ce que leurs revendications soient reconnues. Des politiciens retors laissent souvent à leur portée des biscuits ou du fromage de gruyère, mais il faut résister à la tentation.

Si le parti au pouvoir réussit à faire manger les grévistes, ceux-ci auront vraisemblablement quelques difficultés à monter une insurrection. Si les grévistes mangent, puis règlent l'addition, le parti au pouvoir a gagné. Au Pakistan, une grève de la faim fut brisée quand le gouvernement fit apporter un plat de paupiettes de veau, que les opprimés trouvèrent trop appétissant pour le renvoyer. Mais ce genre de tactique gastronomique demeure rare.

Le problème dans une grève de la faim est qu'après plusieurs jours, l'on commence à avoir un certain appétit, et que dans la rue, des camions munis de haut-parleurs répètent sans relâche : « Miam, quel bon poulet... Humm, ces petits pois, quel délice... »

Pour ceux dont les convictions politiques sont un peu moins rigides, une forme modifiée de grève de la faim consiste à renoncer à la ciboulette. Ce petit geste, judicieusement employé, peut parfaitement influencer un gouvernement, et il est de notoriété publique que l'insistance du mahatma Gandhi à manger sa salade sans aucun assaisonnement fit trembler en mainte occasion le gouvernement britannique, qui lui accorda quantité de concessions.

Outre la nourriture, voici une liste de choses auxquelles on peut renoncer pour une grève politique : bridger, sourire, se tenir sur un pied, imiter le chant du coq.

Grève assise. Rendez-vous à l'endroit désigné, et asseyez-vous, mais asseyez-vous entièrement. Si vous restez accroupi, ça ne compte pas et le gouvernement s'en bat l'œil, sauf s'il est accroupi lui-même, mais il fait très attention.

La méthode consiste à demeurer assis jusqu'à ce qu'on vous fasse des concessions. Mais, comme pour la grève de la faim, le gouvernement essaiera par les moyens les plus subtils de faire se lever le gréviste. On lui dira par exemple : « Tout le monde debout, on ferme ! » ou « Voulez-vous vous lever un instant, nous voulons voir si vous êtes plus grand debout qu'assis. »

Rester ferme sur ses positions.

Manifestations et cortèges. Le but principal d'une manifestation, c'est d'être manifeste, c'est-à-dire visible, d'où son nom. Si un individu manifeste chez lui en privé, on ne peut pas qualifier sa démarche de « manifestation ». On pourra dire de lui qu'il ne tourne pas rond, ou qu'il se conduit comme un crétin.

Un bel exemple de manifestation fut la *Boston Tea Party*, au cours de laquelle des Américains en colère, déguisés en Indiens, jetèrent du thé anglais dans le port. Plus tard, des Indiens, déguisés en Américains en colère, jetèrent un Anglais dans le port. Après quoi, les Anglais, déguisés en sachets de thé, jetèrent tous les autres dans le port. Finalement, des mercenaires allemands, ayant revêtu les oripeaux des *Troyennes*, plongèrent dans le port sans raison apparente.

Quand on manifeste, il est judicieux de brandir une pancarte définissant ses exigences. Quelques exigences toujours bien venues sont : « Abaissez les impôts », « Augmentez les impôts », « Un tel au poteau » et « Libérez Un tel ».

Autres méthodes de désobéissance civile :

Faire le piquet devant le Parlement en psalmodiant le mot « gâteau » jusqu'à totale satisfaction des revendications.

Paralyser la circulation en lâchant un troupeau de moutons dans le quartier commerçant.

Téléphoner aux divers membres du gouvernement et leur chanter *Porgy and Bess*.

Déguisé en agent de police, jouer à la marelle sur le trottoir.

Se déguiser en artichaut à la devanture d'un marchand de primeurs, et faire des croche-pieds aux passants.

– 15 –

LES PROBLÈMES POLICIERS
DE L'INSPECTEUR FORD

– I –

L'AFFAIRE DE L'HOMME DU MONDE ASSASSINÉ

L'inspecteur Ford pénétra dans le cabinet de travail. Sur le sol se trouvait le cadavre de Clifford Wheel, qui, selon toute apparence, avait été assommé par derrière avec une mailloche de croquet.

La position du corps indiquait que la victime avait été surprise alors qu'elle chantait *Sorrento* à son poisson rouge. Les indices montraient qu'il y avait eu une terrible lutte, interrompue par deux appels téléphoniques : un faux numéro et une personne cherchant à caser à la victime des leçons de danse par correspondance.

Avant de mourir, Wheel avait réussi à plonger un doigt dans l'encrier et à griffonner ce message : « Soldes exceptionnels – Tout doit partir ! »

– Homme d'affaires jusqu'au bout ! murmura Ives, le valet de chambre, que ses chaussures à triples semelles faisaient bizarrement paraître plus petit de dix centimètres.

La porte-fenêtre menant à la terrasse était grande ouverte, et des empreintes de pas venaient du dehors et menaient jusqu'à un tiroir du bureau.

– Où étiez-vous pendant le drame, Ives ?

– Dans la cuisine. Je faisais la vaisselle.

Là-dessus, Ives ouvrit son portefeuille et en tira un peu d'eau chaude pour corroborer ses dires.

– Avez-vous entendu quelque chose ?

– Il était dans cette pièce avec plusieurs hommes. Ils discutaient pour savoir lequel était le plus grand. Il me semble avoir entendu M. Wheel entonner une tyrolienne. Puis Mosley, son associé, se mettre à crier : « Mon Dieu ! Je suis en train de devenir chauve ! » Ensuite, pour autant que je m'en souvienne, il y eut un glissando de harpe, et la tête de M. Wheel heurta violemment le sol. J'ai entendu M. Mosley le menacer. Il disait que si M. Wheel continuait à boire dans son verre, il n'avaliserait pas sa demande de prêt bancaire. Je crois que c'est lui qui l'a tué.

– La porte de la terrasse s'ouvre-t-elle de l'intérieur ou du dehors ? demanda l'inspecteur Ford à Ives.

– De l'extérieur. Pourquoi ?

– C'est bien ce que je pensais. Maintenant j'ai la certitude que c'est vous qui avez tué Clifford Wheel !

Comment l'inspecteur Ford avait-il deviné ?

À cause de la disposition des lieux, Ives ne pouvait pas avoir surpris son employeur par-devant, sinon M. Wheel aurait cessé de chanter *Sorrento* et aurait donné, comme il en avait l'habitude, un coup de mailloche sur la tête de Ives. Ce dernier, diaboliquement, s'était dissimulé avec la mailloche dans le tiroir du bureau.

– II –

UNE ÉTRANGE ÉNIGME

Apparemment, Walker s'était suicidé. Dose mortelle de pilules somnifères. Toutefois, quelque chose semblait louche à l'inspecteur Ford. Peut-être était-ce la position du cadavre, à l'intérieur du téléviseur.

Sur le sol se trouvait une lettre énigmatique :

« Chère Edna,

Mon gilet de laine me donne des démangeaisons, aussi ai-je décidé d'en finir avec la vie. Veille à ce que notre fils fasse bien ses tractions. Je te laisse la totalité de ma fortune à l'exception de mon chapeau de feutre, que je lègue par la présente au Planétarium. Je t'en prie, n'aie pas de chagrin pour moi, je me réjouis d'être mort, cela vaut mieux que de payer des traites. Adieu. Henry.

« P.S. Le moment n'est peut-être pas très bien choisi pour en parler, mais j'ai toutes les raisons de croire que ton frère entretient des relations coupables avec un poulet de Bresse. »

Edna Walker se mordit nerveusement la lèvre inférieure :

– Qu'en pensez-vous, inspecteur ?

L'inspecteur Ford examina la bouteille de pilules somnifères sur la table de nuit :

– Depuis combien de temps votre mari avait-il des insomnies ?

– Depuis des années. C'était psychique. Il craignait que, s'il fermait les yeux, la municipalité n'en profite pour peindre une ligne jaune sur lui.

– Je vois. Avait-il des ennemis ?

– Pas vraiment, à part quelques gitans qui tiennent un salon de thé en banlieue. Une fois, il les a gravement outragés en enfilant un passe-montagne et en venant danser chez eux un dimanche de Sabbat.

L'inspecteur Ford remarqua un verre de lait à moitié vide sur le coin du bureau. Il était encore chaud.

– Madame Walker, votre fils est-il au collège en ce moment ?

– Je crains que non. Il a été expulsé la semaine dernière pour conduite immorale. Ça nous a fait l'effet d'une douche froide. On l'a surpris en train de noyer un nain dans une gamelle de sauce tartare. C'est le genre de choses qu'ils ne tolèrent pas dans les écoles chrétiennes.

– Moi, la seule chose que je ne tolère pas, c'est le meurtre ! Votre fils est en état d'arrestation !

Pourquoi l'inspecteur Ford soupçonnait-il le fils de Walker d'avoir tué son père ?

On avait trouvé des billets de banque dans les poches du cadavre. Un homme sur le point de se suicider aurait pris une carte de crédit.

— III —

LE JOYAU VOLÉ

La vitrine était brisée, et le saphir Bellini avait disparu. Les seuls indices découverts au musée étaient un cheveu blond et une douzaine d'empreintes digitales, toutes d'auriculaires.

Le gardien expliqua qu'il surveillait les lieux, quand tout à coup une silhouette vêtue de noir avait surgi derrière son dos et l'avait frappé sur la tête avec une facture de blanchisseur pliée en quatre.

Avant de perdre conscience, il lui semblait avoir entendu une voix d'homme dire : « Jerry, appelle ta mère », mais il n'en était pas sûr.

Vraisemblablement, le voleur était entré par une lucarne et était descendu le long du mur avec des souliers à ventouses, telle une mouche humaine. Les gardiens du musée gardent toujours à portée de la main une énorme tapette à mouches pour de semblables occasions, mais cette fois-ci le voleur avait été plus rapide qu'eux.

Le conservateur du musée s'étonna :

– Pourquoi donc ont-ils volé le saphir Bellini ? Ne savent-ils pas qu'il est maléfique ?

– Qu'est-ce que c'est que cette histoire de maléfices ? s'empressa de demander l'inspecteur Ford.

– Le saphir fut d'abord la propriété d'un sultan, qui mourut dans des circonstances mystérieuses : une main jaillit brusquement de son bol de soupe et l'étrangla. Le saphir fut acheté par un lord anglais, que sa femme trouva un jour planté la tête en bas dans un bac à fleurs. On n'entendit plus parler de la pierre pendant un certain temps. Puis on la retrouva des années plus tard en la possession d'un milliardaire du Texas, qui prit feu brusquement un jour qu'il se lavait les dents. Nous avons acheté le saphir le mois dernier, mais la malédiction qui s'y attache persistait : peu de temps après l'avoir exposé, tous les membres du conseil d'administration du musée ont organisé une farandole et se sont précipités en dansant du haut de la falaise.

– Eh bien, dit l'inspecteur Ford, ce joyau est peut-être maléfique, mais il vaut beaucoup d'argent, et si vous voulez le retrouver, allez à l'épicerie fine Handleman et arrêtez Léonard Handleman. Vous trouverez votre saphir dans sa poche.

Comment l'inspecteur Ford connaissait-il le voleur du joyau ?

La veille au soir, Léonard Handleman avait dit : « Si seulement j'avais un gros saphir, je prendrais ma retraite ! »

– IV –

LE MACABRE ACCIDENT

– Je viens de tuer mon mari !

Cynthia Freem pleurait, penchée sur le cadavre d'un gros gaillard étendu dans la neige.

– Comment est-ce arrivé ? demanda l'inspecteur Ford, allant droit au but.

– Nous chassions ensemble. Quincy aimait chasser, tout comme moi. Nous nous sommes perdus de vue pendant un moment. Les buissons étaient touffus. Je pense que je l'ai pris pour une marmotte… J'ai tiré… Il était trop tard… Quand j'ai voulu le dépouiller, j'ai réalisé que nous étions mariés !

– Hum, murmura l'inspecteur Ford, examinant les empreintes de pas dans la neige. Vous devez être une excellente tireuse. Vous l'avez atteint exactement entre les deux yeux.

– Oh ! C'était un coup heureux. Je ne suis qu'une débutante.

– Je vois.

L'inspecteur Ford fouilla le cadavre. Dans ses poches, il trouva un bout de ficelle, une pomme datant de 1904 et un petit livre indiquant la marche à suivre quand on trouve un Arménien dans son lit.

– Madame Freem, était-ce le premier accident de chasse de votre mari ?

– Le premier fatal, oui. Mais autrefois, dans les Montagnes Rocheuses, un aigle lui avait arraché sa tablette de chocolat.

– Votre mari portait-il toujours une moumoute ?

– Pas vraiment, mais il la gardait toujours dans sa poche pour pouvoir la montrer en cas de discussion. Pourquoi ?

– Il m'a l'air excentrique.

– Il l'était.

– Est-ce pour cette raison que vous l'avez tué ?

Comment l'inspecteur Ford savait-il que ce n'était pas un accident ?

Un chasseur expérimenté comme Quincy Freem n'aurait jamais traqué le cerf en sous-vêtements. En réalité, Mme Freem l'avait assommé à coups de gourdin dans la maison, alors qu'il jouait aux fléchettes, et avait tenté de faire passer son crime pour un accident de chasse en traînant son cadavre dans les bois. Dans sa hâte, elle avait oublié de l'habiller. Quant à savoir pourquoi il jouait aux fléchettes en sous-vêtements, cela demeure un mystère.

– V –

L'ÉTRANGE KIDNAPPING

À demi mort de faim, Kermit Kroll entra en titubant dans le living-room de ses parents, où ceux-ci l'attendaient anxieusement en compagnie de l'inspecteur Ford.

– Merci d'avoir payé la rançon, les vieux, dit Kermit. Jamais je n'aurais espéré pouvoir m'en tirer vivant !

– Racontez-moi tout, dit l'inspecteur.

– Je me rendais en ville pour faire mettre mon chapeau en forme quand une limousine s'arrêta à ma hauteur et deux hommes me demandèrent si je voulais voir un cheval qui pouvait réciter la Déclaration des Droits de l'Homme. Je dis que oui et montai avec eux. Là-dessus, ils me chloroformèrent, et je me suis réveillé je ne sais où, attaché à une chaise et un bandeau sur les yeux.

L'inspecteur Ford examina la demande de rançon :

« Chère Maman, cher Papa, mettez 50 000 dollars dans un sac et déposez-le sous le pont de Decatur Street. S'il n'y a pas de pont Decatur Street, construisez-en un. Je suis bien traité, logé et nourri, quoi qu'hier soir les moules n'étaient pas fraîches. Envoyez l'argent le plus vite possible, parce que s'ils n'ont pas de vos nouvelles d'ici quelques jours, l'homme qui fait mon lit le matin m'étranglera. Bien à vous, Kermit.

« P.S. Ce n'est pas une blague. D'ailleurs, je vous joins une blague pour que vous voyiez la différence. »

– Vous n'avez pas la moindre idée de l'endroit où vous étiez retenu ?

– Non. J'entendais seulement un drôle de bruit non loin de la baraque.

– Drôle ?

– Oui, vous voyez, le genre de bruit que fait un hareng quand on lui marche sur la queue.

– Hum, réfléchit à haute voix l'inspecteur Ford. Et comment avez-vous réussi à vous échapper ?

– Je leur ai dit que je voulais voir le match de football, mais que je n'avais qu'un seul billet. Ils ont dit d'accord, à condition que je garde mon bandeau sur les yeux et que je promette de revenir avant minuit. J'obéis, mais pendant la seconde mi-temps, les Ours avaient pris une telle avance que je suis parti avant la fin et que je suis rentré ici en vitesse.

– Très intéressant, dit l'inspecteur Ford. Maintenant, j'ai la certitude que ce kidnapping était un coup monté, et je donnerais ma tête à couper que vous étiez complice et que vous avez partagé la rançon !

Comment l'inspecteur Ford a-t-il deviné ?

Bien que Kermit Kroll vécût encore chez ses parents, ceux-ci avaient quatre-vingts ans et lui soixante bien sonnés. Des kidnappeurs sains d'esprit n'auraient jamais enlevé un enfant de soixante ans. Ça n'aurait aucun sens.

– 16 –

CALL-CULTURE

Quand on est détective privé, on doit apprendre à tenir compte de ses pressentiments. Voilà pourquoi, quand cette espèce de motte de beurre tremblotante nommée Word Babcock dégoulina dans mon bureau et me raconta sa salade, j'aurais dû faire confiance au frisson glacé qui me chatouilla les omoplates.

– Kaiser ? demanda-t-il. Kaiser Lupowitz ?

– C'est ce qui est écrit sur ma licence, avouai-je.

– Il faut que vous m'aidiez. On me fait chanter. Je vous en prie !

Il s'agitait comme le premier chanteur d'un orchestre de rumba. Je poussai un verre dans sa direction et sortis la bouteille de rye que je garde dans ma trousse de premier secours.

– Essayez de vous détendre et racontez-moi ça.

– Vous… Vous ne direz rien à ma femme ?

– Je ne peux rien vous promettre. Faut me faire confiance, Word.

Il tenta de vider son verre, mais on entendait claquer ses dents de l'autre côté de la rue, et la plus grande partie du liquide se répandit dans ses godasses. Il dit :

– Je suis homme d'affaires. Entretien mécanique. Je fabrique des vibrateurs-désopilants, vous savez, ces petits machins qui balancent des décharges électriques quand vous serrez la main à quelqu'un.

– Et alors ?

– Des tas de grossiums adorent ce gadget. Surtout à Wall Street.

– Venez-en au fait.

– Je suis en plein dedans. Vous savez comment ça se passe. On se sent seul. Oh, ce n'est pas ce que vous croyez. Vous voyez, Kaiser, moi, au fond, je suis un intellectuel. Bien sûr, un type peut trouver toutes les nanas qu'il veut. Mais les femmes vraiment intelligentes, ça ne se dégotte pas sous les pas d'un cheval.

– Continuez.

– Eh bien, j'ai entendu parler de cette jeune fille. Dix-huit ans. Étudiante à Vassar. On lui téléphone, on lui donne du fric, elle se pointe et on peut discuter de n'importe quel sujet : Proust, Freud, l'anthropologie. Un échange d'idées, quoi. Vous voyez où je veux en venir ?

– Pas tout à fait.

– Ne vous gourez pas, ma femme est merveilleuse. Mais ce n'est pas le genre à discuter de Joyce avec moi. Ni d'Eliot. Je ne me doutais pas de ça quand je l'ai épousée. Vous voyez, j'ai besoin d'une femme qui me stimule mentalement, Kaiser. Et je suis prêt à payer pour l'avoir. Je ne cherche pas une banale liaison : je veux une expérience intellectuelle vite fait, puis je veux que la fille débarrasse le plancher. Enfin, quoi, je suis un homme marié, et heureux en ménage !

– Ça dure depuis combien de temps, ce fourbi ?

– Six mois. Chaque fois que je sens le désir monter en moi, je téléphone à Flossie. Flossie, c'est la patronne, l'entremetteuse, licenciée de philo. Elle m'envoie tout de suite une intellectuelle. Vous pigez ?

Voilà. La faiblesse de ce gars, c'était les filles brillantes. Je me suis senti plein de compassion pour ce pauvre mec. Et je pense qu'il doit y avoir des foultitudes de gugusses dans le même cas, affamés d'un peu d'échange intellectuel avec le sexe opposé, et prêts à payer les yeux de la tête pour en obtenir.

– Maintenant, elle menace de tout raconter à ma femme.

– Qui ça ?

– Flossie. Elle avait collé des micros dans la chambre d'hôtel. Elle détient des enregistrements de moi, en train de discuter de *la Critique de la raison pure* et de *la Peste*, et, ma foi, aboutissant à des conclusions pas trop connes. Elle veut dix mille dollars, ou elle envoie le paquet à Carla. Kaiser, il faut que vous me tiriez de là. Carla mourrait si elle apprenait qu'elle ne m'excite plus intellectuellement !

Toujours le même vieux racket des call-girls ! J'avais entendu dire que les gars des Mœurs étaient sur une piste impliquant de la fesse à diplômes, mais jusqu'ici, ils n'avaient abouti qu'à des culs-de-sac.

– Appelez-moi Flossie au téléphone.

– Comment ?

– J'accepte votre affaire, Word. Mais je demande cinquante dollars par jour, plus les frais. Faudra que vous vendiez un bon paquet de vibrateurs-désopilants.

– Ça me coûtera moins de dix mille dollars, ça, j'en suis sûr !

Avec un rictus, il décrocha le téléphone et composa un numéro. Je pris l'appareil et lui clignai de l'œil. Il commençait à me plaire, ce gros tas. Quelques secondes plus tard, une voix soyeuse se fit entendre, et je dis ce qui me passait par la tête :

– Je crois savoir que vous pouvez me procurer une heure de conversation intelligente.

– Bien sûr, chéri. De quoi avez-vous envie de discuter ?

– J'aimerais parler de Melville.

– *Moby Dick*, ou les autres romans ?

– Quelle différence ça fait ?

– Le prix. C'est tout.

– Ça va m'emmener loin ?

– Cinquante dollars, peut-être cent pour *Moby Dick*. Vous voulez une discussion comparative ? Melville et Hawthorne ? Je peux vous arranger ça pour cent dollars.

– Ça marche.

Sur ce, je lui donnai le numéro d'une chambre au Plaza.

– Vous préférez une blonde ou une brune ?

– Surprenez-moi, dis-je.

Je me rasai et ingurgitai un café très fort avant d'aller m'installer au Plaza. À peine une heure plus tard, on frappa à ma porte. J'ouvris et me trouvai en face d'une jeune rouquine moulée dans un pantalon qui devait lui interdire de s'asseoir.

– Salut, je m'appelle Sherry.

Ces gens-là savent réveiller vos fantasmes ! Longs cheveux raides, serviette de cuir, anneaux d'argent aux oreilles, aucun maquillage. Je lui dis :

– Ça m'épate qu'ils ne vous aient pas arrêtée à la réception, habillée comme ça. D'habitude, le détective de l'hôtel flaire une intellectuelle à dix mètres !

– Rien de tel qu'un biffeton pour lui couper l'odorat.

Je la dirigeai vers le divan, et lui demandai :

– On commence maintenant ?

Elle alluma une cigarette et démarra :

– Je crois que nous pourrions commencer en considérant *Billy Budd* comme la justification melvillienne des voies du Seigneur par rapport à l'être humain, n'est-ce pas ?

– C'est intéressant, mais pas dans le sens miltonien.

Je bluffais. Je voulais voir si elle tomberait dans le panneau.

– Non. *Le Paradis perdu* est dépourvu de toute infrastructure pessimiste.

Elle marchait.

– Oui, oui, bon Dieu, vous avez raison, murmurai-je.

– Je pense que Melville réaffirme les vertus de l'innocence d'une façon tout à la fois naïve et sophistiquée, ne croyez-vous pas ?

Je la laissai continuer. Bien qu'elle n'eût que dix-neuf ans à peine, elle avait déjà l'expérience d'une pseudo-intellectuelle chevronnée. Elle balançait ses arguments avec volubilité, mais ce n'était que mécanique. Chaque fois que je risquais un aperçu, elle bidouillait une réplique standard :

– Oh, oui, Kaiser. Ça, c'est profond, mon chou. Une conception purement platonicienne de la chrétienté ! Comment ne m'en étais-je pas aperçu jusqu'ici ?

Nous discutâmes une heure environ, puis elle me dit qu'il était temps de me quitter. Quand elle se leva, je lui donnai vingt sur vingt.

– Merci, biquet.

– C'est rien. Il y en a des tas d'autres en réserve !

– Que voulez-vous dire ?

J'avais piqué sa curiosité. Elle se rassit.

– Imaginez que j'aie envie d'une petite… partie fine ?

– Quel genre de… partie ?

– Eh bien, voyons, par exemple, si je voulais me faire expliquer Saint-John Perse par deux filles ?

– Oh, le coquin !

– Si ça vous ennuie, n'en parlons plus !

– Il faudra que vous voyiez ça avec Flossie. Ça risque de coûter cher.

Le moment était venu de serrer les écrous. Je sortis mon insigne de détective privé et l'informai qu'elle était cuite.

– Quoi ?

– Je suis un poulet, cocotte, et discuter de Melville pour de l'argent, c'est un délit caractérisé. Tu iras en cabane.

– Espèce de pied-plat pouilleux !

– N'aggrave pas ton cas, bébé. À moins que tu n'aies envie de venir raconter ton histoire au recteur de l'université, et je ne crois pas qu'il serait tellement ravi de l'entendre !

Elle se mit à pleurer :

– Ne me mettez pas au ballon, Kaiser ! J'avais besoin d'argent pour terminer mon agrégation. J'ai déjà été recalée deux fois à l'oral… Oh, je vous en supplie !

Et là-dessus, elle s'est mise à tout déballer. Toute la combine : études dans un collège chic, puis université. Elle était l'étudiante type, celle qu'on voit faisant la queue au musée, ou écrivant « oui, très juste » dans les marges d'un bouquin de Kant. Seulement, quelque part sur le parcours, elle avait pris la mauvaise route.

– J'avais besoin de fric. Une de mes amies m'a dit qu'elle connaissait un homme marié dont la femme manquait de profondeur d'esprit. Il s'intéressait à Schopenhauer, et elle ne pouvait plus suivre. Alors j'ai dit que pour de l'argent, je parlerais de Schopenhauer avec lui. Au début, j'étais morte de trac. Alors j'ai truqué. Il n'a pas eu l'air de s'en apercevoir. Ma copine m'a dit qu'elle en connaissait d'autres… J'ai déjà eu des ennuis avec la police ! On m'a surprise à discuter des *Commentaires* de César dans une voiture à l'arrêt ; on m'a embarquée et fouillée… La prochaine fois, je n'y coupe pas de six mois de cabane !

– On va peut-être arranger ça. Conduis-moi à Flossie.

Elle se mordit la lèvre et dit :

– La librairie de Hunter College est une couverture.

– C'est vrai ?

132

– Oui, comme ces boutiques de coiffeurs qui servent d'alibi aux bookmakers, vous verrez.

Je passai un rapide coup de fil au quartier général, puis lui dis :

– Ça va, bébé. Tu es blanchie. Mais ne quitte pas la ville.

Elle leva son visage vers moi, avec un sourire de gratitude :

– Si vous voulez, je pourrai vous avoir des photos d'Ezra Pound en train d'écrire…

– Une autre fois.

Je pénétrai dans la librairie de Hunter College. Le vendeur, un jeune garçon aux yeux sensibles, vint vers moi et me demanda :

– Puis-je vous aider ?

– Je cherche une édition rare de *Pour en finir une bonne fois pour toutes avec la culture*. On m'a dit que l'auteur en avait fait imprimer un tirage spécial à la feuille d'or pour ses amis.

– Je vais vérifier, dit-il. Nous avons une ligne sur fil direct avec la résidence Allen.

D'un regard, je le figeai sur place. J'articulai :

– C'est Sherry qui m'envoie.

– Oh, dans ce cas, passez dans le fond !

Il appuya sur un bouton. Un panneau de bibliothèque s'ouvrit et je m'infiltrai dans l'antre des plaisirs interdits que dirigeait Flossie.

Des murs tendus de velours rouge et des dorures victoriennes donnaient le ton. Des filles blêmes, nerveuses, avec des lunettes d'écaille et des cheveux taillés au carré, étaient vautrées sur des sofas tout autour de la pièce, feuilletant de façon provocante des classiques Penguin. Une blonde me fit de l'œil avec un large sourire, me désigna une chambre en haut de l'escalier et dit :

– Walt Whitman ?

Comme je n'étais pas intéressé, elle haussa les épaules et reprit sa lecture. Comme je l'appris alors, il ne se déroulait pas dans ce local discret que des expériences intellectuelles. Il s'y traitait aussi des séances plus émotionnelles. Par exemple :

Pour cinquante dollars, on pouvait « se mélanger sans se toucher ».

Pour cent dollars, une fille vous prêtait ses disques de Bartok, dînait avec vous, puis vous laissait la regarder quand elle piquait sa crise de dépression nerveuse.

Pour cent cinquante, vous pouviez écouter la modulation de fréquence en compagnie de deux jumelles.

Pour trois cents dollars, vous aviez le grand jeu. Une petite Juive maigrelette faisait semblant de vous rencontrer au musée d'Art Moderne, vous faisait lire son diplôme de fin d'études, vous faisait participer à une féroce engueulade au sujet des théories antiféministes de Freud, puis mimait un suicide à votre convenance. La plus grande soirée de leur vie, pour certains maniaques. Belle entreprise. New York sera toujours New York.

– Vous aimez mon petit accessoire ? dit une voix derrière moi.

Me retournant, je me trouvai soudain nez à nez avec l'extrémité praticable d'un 38. J'ai beau avoir de l'estomac, je fis un pas en arrière. C'était Flossie, pour sûr. Son visage était dissimulé par un masque de Marcuse enfant. Elle dit :

134

– Vous n'allez pas me croire, mais je n'ai même pas mon certificat d'études.

– C'est pour ça que vous portez un masque ?

– J'avais monté un plan parfait pour mettre la main sur *les Nouvelles littéraires*, mais il fallait que je me fasse passer pour un académicien. Je suis allée me faire opérer au Mexique. Il y a un toubib à Juarez qui vous donne le visage de n'importe quel écrivain – pour de l'argent. Mais quelque chose a foiré, et je me suis retrouvée avec la tronche de Nixon. C'est à ce moment que je suis passée de l'autre côté de la barrière.

En vitesse, avant qu'elle n'ait le temps d'appuyer sur la détente, je passai à l'action. Bondissant en avant, je lui balançai un coup d'épaule sous le menton, et attrapai son flingue au moment où elle tombait en arrière. Elle se répandit sur le sol comme une tonne de briques. Elle pleurnichait encore quand les flics se sont pointés.

– Beau boulot, Kaiser ! me dit le sergent Holmes. Quand nous en aurons fini avec cette maquerelle, on va la repasser au F.B.I. Elle est impliquée dans un coup fourré avec des joueurs professionnels et un exemplaire de *l'Enfer* de Dante.

– Emmenez-la, les gars.

Plus tard ce soir-là, j'allai rejoindre une de mes vieilles copines qui s'appelle Gloria. Elle est blonde. Elle a obtenu son diplôme avec mention « très bien ». Il faut dire que c'est un diplôme d'éducation physique.

Ça m'a semblé bon.

CINQUIÈME PARTIE

MANUSCRITS RETROUVÉS AU FOND
D'UNE BOÎTE DE PETITS POIS

– 17 –

PAS DE KADDISH POUR WEINSTEIN[1]

Isaac Weinstein gisait sous les couvertures, regardant le plafond dans une déprimante torpeur. Au dehors, des nappes d'humidité montaient du pavé en vagues étouffantes. Le bruit de la circulation était assourdissant à cette heure du jour, et, pour couronner le tout, le lit de Weinstein était brûlant.

« Regardez-moi, pensait-il. Cinquante ans. Un demi-siècle. L'année prochaine, j'aurai cinquante et un ans. Puis cinquante-deux. » Au moyen de ce raisonnement, il pouvait envisager la progression de son âge pendant les cinq prochaines années. « Il me reste si peu de temps, pensait-il, et encore tant à accomplir. »

Pour commencer, il voulait apprendre à conduire. Adelman, son ami, avec qui il jouait aux dés dans Rush Street, avait fait ses études de conduite à la Sorbonne. Il savait manœuvrer à merveille une

---

1. Kaddish (prononcé kodiche) est l'une des plus anciennes et des plus solennelles des prières juives. On l'emploie en signe de deuil, bien qu'elle ne fasse référence ni à la mort ni à la résurrection. Elle est récitée chaque année pour l'anniversaire de la mort. (N. du T.)

voiture, et était déjà allé tout seul en divers endroits. Weinstein avait bien fait quelques tentatives pour piloter la Chevrolet de son père, mais il ne cessait de grimper sur les trottoirs.

Pourtant, il avait été un enfant précoce. Un intellectuel. À l'âge de douze ans, il avait traduit en anglais les poèmes de T.S. Eliot, des vandales inconnus s'étant introduits nuitamment dans la bibliothèque et les ayant traduits en français.

Comme si son Q.I. élevé ne l'avait pas suffisamment isolé des autres, il devait subir injustices, avanies et persécutions à cause de sa religion, principalement de ses parents.

Pourtant, son père fréquentait assidûment la Synagogue, ainsi que sa mère, mais ils ne purent jamais accepter le fait que leur propre fils fût juif. « Comment cela a-t-il pu se produire ? » criait chaque jour son père en fureur.

« Mon visage a des traits typiquement sémites », pensait Weinstein chaque matin au moment où il se rasait. On l'avait bien pris plusieurs fois pour Robert Redford, mais à chaque occasion, c'était une personne aveugle.

Ensuite, il y avait Feinglass, son second ami d'enfance, un universitaire : Phi Beta Kappa. Un névrosé politique. D'abord anti-ouvrier et briseur de grèves. Puis converti au marxisme, agitateur communiste. Chassé du Parti, il s'était installé à Hollywood, où il prêtait sa voix à une célèbre souris de dessins animés. Cruelle ironie !

Weinstein, lui aussi, avait flirté avec le communisme. Afin d'impressionner une fille de la Faculté, il était allé à Moscou s'engager dans l'Armée rouge.

Lorsqu'il revint et voulut lui demander un second rendez-vous, il la trouva mariée avec un autre et mère de famille. En outre, son grade de sergent dans l'infanterie russe devait lui causer des ennuis plus tard quand il eut besoin d'un certificat pour avoir droit aux hors-d'œuvre gratuits du Longchamps Club.

Il avait également, au cours de ses études, dressé et organisé politiquement des souris de laboratoire, qui avaient aussitôt fomenté une grève exigeant de meilleures conditions de travail.

Pourtant, moins que les théories politiques, c'était la poésie du marxisme qu'il aimait par-dessus tout. Il était convaincu que le collectivisme pourrait fonctionner si chacun voulait bien apprendre par cœur les paroles de *Tiger Rag*.

La formule : « Le dépérissement de l'État » l'avait considérablement marqué, surtout depuis que son oncle avait brutalement dépéri en plein milieu de la Cinquième Avenue, non loin de chez Saks.

Que peut-on, se demandait-il, apprendre de nouveau sur la véritable essence de la révolution sociale, sinon qu'il ne faut jamais l'entreprendre après avoir mangé de la cuisine mexicaine ?

La Dépression écrasa l'oncle de Weinstein, qui gardait toute sa fortune dans son matelas. Quand la Bourse s'effondra, le gouvernement réquisitionna tous les matelas, et Meyer se retrouva ruiné du jour au lendemain. Il ne lui resta que la possibilité de sauter par la fenêtre, mais il manqua de courage au dernier moment, et resta assis sur une corniche du Flatiron Building de 1930 à 1937.

L'oncle Meyer se plaisait à répéter : « Ces gosses d'aujourd'hui, avec leur drogue et leur sexe, est-ce qu'ils savent seulement ce que c'est que de rester assis sur un rebord de fenêtre pendant sept ans ? C'est de là qu'on apprend la vie ! Bien sûr, tous les hommes ressemblent à des fourmis. Mais chaque année, ta tante Tessie – qu'elle repose en paix – venait me préparer le seder[1] sur la corniche. Toute la famille venait s'y réunir pour la Pâque… *Oy*, neveu ! Que deviendra le monde quand ils auront trouvé la bombe qui pourra tuer encore plus de gens qu'une œillade de la fille Lévy ? »

Les soi-disant amis de Weinstein furent tous convoqués devant le tribunal du Comité des activités anti-américaines. Blotnick fut dénoncé par sa propre mère. Sharpstein par son service d'abonnés absents. Devant le Comité, il reconnut avoir cotisé aux fonds russes, puis ajouta : « Oh, et puis j'ai offert une nappe et des serviettes de table à Staline. » Il refusa de citer des noms, mais dit que si le Comité insistait, il livrerait les tailles et poids approximatifs des gens qu'il avait rencontrés dans les réunions secrètes. Mais à la fin, il céda à la panique, et au lieu d'invoquer le cinquième Amendement, il prit le troisième, qui lui donnait la possibilité d'acheter de la bière à Philadelphie le dimanche.

Weinstein acheva de se raser et passa sous la douche. Il se savonna, tandis que l'eau chaude se répandait sur son dos épais. Il pensait : « Me voici, en un point déterminé du temps et de l'espace, en

---

1. Seder : mi-banquet mi-cérémonie religieuse qui marque la fête du Pesach. (N. du T.)

train de prendre ma douche, moi Isaac Weinstein. Une des créatures de Dieu. » C'est alors que, marchant sur la savonnette, il exécuta une glissade qu'il acheva harmonieusement par un grand coup de tête dans le porte-serviettes.

Ç'avait été une mauvaise semaine. La veille, on lui avait raté sa coupe de cheveux, et l'angoisse que cela lui avait provoqué durait encore. D'abord, le coiffeur avait taillé judicieusement, mais au bout d'un moment, Weinstein s'aperçut qu'il coupait trop court. « Remettez-en ! » cria-t-il sans réfléchir.

– Je ne peux pas, fit le coiffeur. Ça ne tiendra jamais.

– Alors, rendez-les-moi, Dominic ! Je veux les emporter !

– Une fois qu'ils sont sur le sol de la boutique, ils m'appartiennent, monsieur Weinstein.

– Jamais de la vie ! Je veux mes cheveux !

Il tempêta, vociféra, et finalement, il prit la fuite, se sentant coupable. « Ces *goy*, pensa-t-il. D'une manière ou d'une autre, il faut qu'ils nous possèdent ! »

Il sortit de l'hôtel et emprunta la Huitième Avenue. Deux voyous frappaient une femme âgée. « Seigneur, songea Weinstein, il fut un temps où un seul homme suffisait pour ça. Quelle ville ! Le chaos partout. Kant avait raison : l'esprit impose l'ordre. Il vous dit aussi quels pourboires donner. Quelle chose merveilleuse, que d'être conscient ! Je me demande ce que font les habitants du New Jersey. »

Il allait voir Harriet au sujet de la pension alimentaire. Il aimait toujours Harriet, bien qu'à l'époque où ils étaient mariés elle eût essayé de le tromper systématiquement avec tous les R de l'annuaire téléphonique de Manhattan. Il lui avait pardonné. Mais il aurait dû soupçonner quelque chose quand son meilleur ami et Harriet louèrent ensemble une maison dans le Maine pendant trois ans, sans lui dire où ils habitaient exactement.

Il refusait de voir ce qui était visible. Sa vie sexuelle avec Harriet avait cessé très tôt. Il avait couché avec elle le soir de leur première rencontre, une fois la nuit du premier alunissage, et une fois encore pour vérifier que son dos ne le faisait plus souffrir après un déplacement de vertèbre. Il avait coutume de se plaindre : « Ce n'est pas agréable avec toi, Harriet. Tu es trop pure. Chaque fois qu'il me vient un désir pour toi, je le sublime en plantant un arbre en Israël. Tu me rappelles ma mère. » (Molly Weinstein, qu'elle repose en paix, qui s'était échinée à l'élever et cuisinait la meilleure carpe farcie de tout Chicago. Elle garda soigneusement le secret de sa recette jusqu'au jour où l'on découvrit qu'elle ajoutait simplement du haschich au hachis.)

Pour faire l'amour, Weinstein avait besoin d'un être totalement différent. Lu Anne, par exemple, qui faisait du sexe un art. Le seul ennui avec elle, c'est qu'elle ne pouvait pas compter jusqu'à vingt sans ôter ses chaussures.

Il essaya un jour de lui donner un traité sur l'existentialisme, mais elle le mangea.

Sexuellement, Weinstein s'était toujours trouvé insuffisant. Tout d'abord, il se jugeait trop petit. En chaussettes, il mesurait un mètre soixante-deux, mais dans les chaussettes d'un autre, il parvenait à un mètre soixante-sept.

Le docteur Klein, son psychanalyste, réussit à lui faire comprendre que son habitude de sauter devant un train en marche dénotait plus d'hostilité que de désir d'auto-destruction, mais que, quoi qu'il en fût, ça abîmait le pli des pantalons. Klein était son troisième analyste. Son premier, disciple de Jung, avait tenté de le soigner à l'aide d'une table tournante. Avant cela, Weinstein avait participé à une thérapie de groupe, mais quand son tour était venu de s'exprimer, il avait été pris de panique et n'avait su que réciter les noms de toutes les planètes du système solaire. Les femmes étaient son problème, il le savait très bien. Il était automatiquement frappé d'impuissance avec toute femme ayant dépassé la classe de sixième classique au collège. Il se sentait plus à l'aise avec les diplômées des écoles de secrétariat. Toutefois, si la dame tapait plus de soixante mots à la minute, il s'affolait et n'arrivait à rien.

Weinstein sonna à la porte d'Harriet, qui ouvrit aussitôt. «Encore en train de peigner la girafe», songea Weinstein. C'était une vieille plaisanterie entre eux, que ni l'un ni l'autre ne comprenait, d'ailleurs.

– Hello, Harriet.

– Oh, Ike, pourquoi es-tu toujours tellement formaliste ?

Elle avait raison. Il se reprocha son entrée en matière dénuée de tact. Il s'en voulut.

– Comment vont les enfants, Harriet ?

– Nous n'avons jamais eu d'enfants, Ike.

– Il me semblait bien que quatre cents dollars par semaine, c'était un peu lourd pour l'entretien des gosses.

Elle se mordit la lèvre. Weinstein se mordit la lèvre. Puis il lui mordit la lèvre.

– Harriet, dit-il, je suis fauché. Plus un rond.

– Je vois. Tu ne peux pas emprunter d'argent à ta *shiksa*[1] ?

– Pour toi, toute femme qui n'est pas juive est une *shiksa* !

– Oh, écrase, tu veux !

Sa voix résonnait d'amertume. Weinstein éprouva le besoin soudain de l'embrasser, elle ou une autre.

– Harriet, qu'est-ce qui nous est arrivé ?

– Nous n'avons jamais regardé la réalité en face.

– Ce n'était pas ma faute. Tu m'as dit qu'elle était au nord.

– La réalité est au nord, Ike.

– Non, Harriet. Les rêves creux sont au nord. La réalité est à l'ouest. Les fausses espérances sont à l'est, et il me semble bien que la Louisiane est au sud.

Elle avait toujours le pouvoir de l'exciter. Il tenta de l'enlacer, mais elle se déroba et la main de Weinstein atterrit dans un bol de crème aigre.

– C'est pour ça que tu as couché avec ton psychanalyste ? finit-il par lancer.

Son visage se contractait sous l'effet de la colère. Il se serait bien évanoui, mais ignorait la bonne façon de tomber. Elle dit froidement :

---

1. Jeune femme n'appartenant pas à la religion juive. (N. du T.)

– C'était ma thérapie. Selon Freud, le sexe est la voie royale de l'inconscient.

– Non, Freud a dit que *les rêves* sont la voie de l'inconscient.

– Sexe, rêves, tu ne vas pas te mettre à pinailler !

– Adieu, Harriet.

C'était sans espoir. *Rien à dire, rien à faire*[1].

Weinstein partit, se dirigeant vers Union Square. Soudain, des larmes brûlantes jaillirent, comme d'un barrage effondré. Larmes chaudes, salées, retenues depuis des éternités, qui ruisselaient sans désemparer, véritable raz-de-marée émotionnel. L'ennui était qu'elles lui sortaient par les oreilles.

« Et voilà, pensa-t-il. Même pas capable de pleurer convenablement ». Il s'essuya les oreilles avec un Kleenex et rentra chez lui.

---

1. En français dans le texte. (N. du T.)

– 18 –

LE BON VIEUX TEMPS

*Souvenirs d'une tenancière de speakeasy
pendant la Prohibition.*

Voici en exclusivité quelques extraits des Mémoires
– à paraître prochainement – de Flo Guinness. Sans
contredit la plus pittoresque de toutes les propriétaires
de speakeasy du temps de la Prohibition, la Grosse
Flo, ainsi que l'appelaient ses amis (ses ennemis également, pour plus de commodité), apparaît, dans ces
interviews enregistrées au magnétophone, comme une
femme pourvue d'un robuste appétit de vivre, ainsi
qu'une artiste frustrée, ayant dû renoncer à son ambition de devenir une violoniste classique quand elle
réalisa qu'il lui faudrait pour cela apprendre à jouer du
violon.

Pour la première fois, ici, la Grosse Flo se raconte
en toute franchise.

À mes débuts, j'ai dansé au Bijou Club de
Chicago, chez Ned Small. Ned était officiellement
marchand de linceuls, mais il amassa en réalité son

énorme fortune grâce à un procédé que nous appelle-
rions aujourd'hui le « vol ». Bien sûr, à cette époque,
tout était différent. Oui, mon gars, Ned avait énormément de charme, un charme qui n'existe plus de
nos jours.

Il était devenu célèbre par sa façon de vous casser
les deux jambes quand vous n'étiez pas d'accord
avec lui. Et il s'y entendait, sacré nom ! Qu'est-ce
qu'il a pu casser comme guibolles ! D'après moi, il
s'en payait en moyenne quinze ou seize par semaine,
unijambistes compris !

Mais Ned a toujours été gentil avec moi, peut-
être parce que j'étais la seule à lui dire en face ce
que je pensais de lui. Un soir après dîner, je lui ai
dit : « Ned, tu n'es qu'un grand arnaqueur enfariné
sans plus de moralité qu'un chat de gouttière. » Il
s'est contenté de rigoler, mais plus tard dans la nuit,
je l'ai surpris en train de chercher « enfariné » dans
le dictionnaire.

De toute façon, comme je vous l'ai déjà dit, je
dansais au Bijou Club de Ned Small. C'était moi sa
meilleure danseuse, mec, la seule danseuse-actrice,
ouais ! Les autres filles piétinaient tant bien que
mal, mais moi, je jouais toute une pièce en dansant.
Comme par exemple Vénus sortant de son bain.
Elle va à Broadway et dans la Quarante-deuxième
rue rigoler dans tous les night-clubs, et elle danse
jusqu'à l'aube, et là, elle se tape une crise cardiaque et perd le contrôle de ses muscles faciaux
du côté gauche. Émouvant, quoi. C'est pour ça que
tous les marlous me respectaient.

Un jour, Ned Small m'appelle dans son bureau et
me dit : « Flo »… (Il m'appelait toujours Flo, sauf

149

quand il était vraiment en colère après moi. Là, il m'appelait Albert Schneidermann, je n'ai jamais su pourquoi. Disons que le cœur a ses raisons.) Donc Ned me dit : « Flo, je veux que tu m'épouses. » Eh bien, vous auriez pu m'assommer avec un bâton de guimauve ! Je me suis mise à pleurer comme un mouflet. Il a dit : « C'est sérieux, Flo. Je t'aime profondément. C'est difficile pour moi de dire des choses comme ça, mais je veux que tu sois la mère de mes enfants. Et si tu ne veux pas, je vais te casser les deux jambes aussi sec. » Alors le surlendemain, Ned Small et moi avons scellé notre union. Puis, trois jours plus tard, Ned s'est fait descendre à coups de mitraillette, tout ça parce qu'il avait jeté quelques raisins secs sur le chapeau d'Al Capone, misère !

Après ça, bien sûr, j'étais pleine aux as. La première chose que j'ai faite, ç'a été d'offrir à mon père et à ma mère la ferme dont ils parlaient toujours. Ils ont eu beau brailler qu'ils ne voulaient pas de ferme et qu'ils préféraient une voiture et un manteau de vison, il a bien fallu qu'ils s'en contentent.

Ils ont fini par aimer la vie rurale, mais mon vieux a attrapé un méchant coup de soleil sur la coloquinte, et pendant six ans, chaque fois qu'on lui demandait quelque chose, il ne savait que répondre : « Kleenex. » De mon côté, trois mois après, j'étais à nouveau fauchée. Mauvais placements. J'avais subventionné une expédition de pêche à la baleine à Cincinnati. Est-ce que je pouvais savoir ?

J'ai repris mon numéro de danse chez Ed Wheeler ; il fabriquait un alcool de bois tellement fort qu'on ne pouvait le boire qu'avec un masque à gaz. Ed me filait trois cents dollars par semaine pour dix représentations, ce qui était beaucoup de fric pour l'époque, ouais. Bon Dieu, avec les pourboires, je me faisais plus de pognon que le président Hoover ! Et lui, il se tapait douze représentations. Je travaillais à neuf et à onze heures, et Hoover passait à dix heures et à deux heures du matin. Hoover était un bon Président, mais il passait son temps assis dans sa loge, à fredonner on ne sait quoi. Ça me rendait malade. Et puis un jour, le taulier de l'Apex Club est venu voir mon numéro, et il m'a offert cinq cents dollars pour danser chez lui. J'en ai parlé franchement au Grand Ed : « Ed, j'ai une offre à cinq cents dollars de Bill Halloran de l'Apex Club. »

Il m'a dit : « Flo, si tu peux te faire cinq cents sacs par semaine, je ne vais pas te mettre de bâtons dans les roues. » Nous nous sommes serré la main, et je suis allée rapporter la bonne nouvelle à Bill Halloran, mais quelques copains du Grand Ed étaient passés avant moi, aussi quand j'ai vu Bill Halloran, son aspect physique s'était considérablement modifié, et il n'était plus qu'une petite voix haut perchée qui sortait d'une boîte à cigares.

Il m'a dit qu'il avait décidé de laisser tomber le show-business, de quitter Chicago et de s'installer quelque part, le plus près possible de l'équateur.

J'ai donc continué de danser pour le Grand Ed Wheeler, jusqu'à ce que la bande à Capone ait acheté sa boîte. Je dis « acheté », mais à la vérité le Balafré lui avait offert une somme coquette, que Wheeler avait refusée. Le même jour, il était en train de dîner au Steak House, et sa tête a subitement pris feu, personne n'a jamais compris pourquoi.

J'ai acheté les Trois Deux avec mes petites économies, et c'est devenu en un rien de temps l'endroit le plus couru de la ville. Ils venaient tous : Babe Ruth, Jack Dempsey, Al Jolson, Man o'War. Man o'War était là toutes les nuits avec son jockey. Bon Dieu, ce que ce cheval pouvait picoler !

Je me rappelle qu'une fois Babe Ruth s'était pris de béguin pour cette figurante, Kelly Swain. Il en était cinglé, au point qu'il oubliait le base-ball ; même que plusieurs fois, il s'est enduit le corps de graisse, convaincu qu'il était champion de natation et devait traverser la Manche ! Il me disait : « Flo, j'en pince pour cette rouquine, mais elle déteste le sport, alors je lui ai menti. Je lui ai dit que je donne des conférences sur l'art étrusque, mais je crains qu'elle ne se doute de quelque chose... » Je lui ai demandé : « Pourrais-tu vivre sans elle, Babe ? » « Non, Flo, et c'est très mauvais pour ma concentration. Pas plus tard qu'hier, j'ai réussi deux coups francs et bloqué quatre balles, mais nous sommes en janvier et il n'y a de matches nulle part. J'ai fait tout ça tout seul dans ma chambre d'hôtel. Il faut absolument que tu m'aides ! »

Je lui ai promis que je parlerais à Kelly, et le lendemain, je me suis pointée à l'Abattoir Doré, où elle dansait. Je lui ai dit : « Kelly, le Bambino t'a dans la peau. Il sait que tu apprécies la culture, et il te promet que si tu acceptes de sortir avec lui, il renoncera au base-ball et prendra une chaire de philologie. »

Kelly m'a regardée droit dans l'œil et m'a dit : « Dis à ce toquard prognathe que je n'ai pas fait le voyage depuis Chippewa Falls pour me coller avec un arrière-droit tout en muscles. J'ai d'autres projets. » Deux ans plus tard, elle épousait Lord Osgood Wellington Tuttle, et devenait lady Tuttle. Son mari, peu après, renonçait à un poste d'ambassadeur plénipotentiaire pour devenir deuxième base dans l'équipe des Tigres. Joe Tuttle le Sauteur, qu'on l'appelle maintenant. Il détient le record des mises sur la touche.

Les flambeurs ? Mec, j'étais là le jour où Nick le Grec reçut son surnom ! Il y avait un joueur de bas étage qui s'appelait Jake le Grec, et Nick m'a dit : « Flo, je voudrais qu'on m'appelle le Grec ! » Alors je lui ai dit : « Désolée, Nick, tu n'es pas Grec, et selon les lois du jeu en vigueur dans l'État de New York, rien à faire ! » Alors il m'a dit : « Je sais, Flo, mais mes parents ont toujours désiré qu'on m'appelle le Grec. Est-ce que tu ne pourrais pas organiser un déjeuner pour moi avec Jake ? » Je lui ai dit : « Bien sûr, mais s'il apprend dans quel but, il ne viendra jamais. » Et Nick a dit : « Essaie, Flo. Ça a une telle importance pour moi ! »

Tant et si bien que ces deux mecs se sont rencontrés au grill-room du Steak House de Monty, où les femmes ne sont pas admises, mais j'ai eu le droit d'y venir parce que Monty était un de mes grands copains, et qu'il ne me considérait ni comme une femme ni comme un homme, mais, selon sa propre expression, comme un « protoplasme indéterminé ».

Nous avons commandé la spécialité de la maison, des travers de porc que Monty accommodait de telle sorte qu'ils avaient l'apparence et le goût de doigts humains.

Finalement, Nick a dit : « Jake, j'aimerais me faire appeler le Grec. » Alors Jake est devenu blême et il a dit : « Écoute, Nick, si c'est pour ça que tu m'as fait venir… » Alors, mec, c'est devenu horrible. Ils se sont affrontés du regard. Puis Nick a dit : « Je vais te dire ce que nous allons faire. Un combat à la loyale. Celui qui tirera la plus forte carte aura le droit de s'appeler le Grec. » Jake a répliqué : « Et qu'est-ce qui se passera si c'est moi qui gagne ? Puisque je m'appelle déjà le Grec ? Hein ?

– Si tu gagnes, Jake, tu auras le droit de chercher dans l'annuaire du téléphone et de choisir le nom qui te plaira ! Avec ma bénédiction !

– C'est sérieux ?

– Flo servira d'arbitre. »

Mec, il y avait dans la pièce une tension à couper au couteau. On a apporté un jeu de cartes, et ils ont coupé tous les deux. Nick a tiré une dame, et fallait voir la main de Jake trembler ! Finalement, il a tiré un as ! Tout le monde a soupiré de soulagement, et Jake s'est mis à éplucher l'annuaire, et a choisi le nom de Grover Lembeck. Tout le monde était content, et à partir de ce jour-là, Monty a autorisé les femmes à venir chez lui, à la seule condition qu'elles soient sourdes et muettes.

Je me rappelle qu'une fois, on jouait une fameuse comédie musicale au Winter Garden, *la Vermine étoilée*. Al Jolson en était la vedette, mais il avait résilié son contrat parce qu'on voulait qu'il chante une chanson intitulée *Tripes for two* alors qu'il détestait les tripes. Il y avait dedans un joli vers : « L'amour est tout, tout, comme mon toutou. » Le rôle a été repris par un jeune débutant, Felix Brompton, qui devait se faire arrêter plus tard dans une chambre d'hôtel pour possession illégale d'eau dentifrice à 40 degrés. C'était dans tous les journaux, mais passons.

Quoi qu'il en soit, Al Jolson se pointe un soir aux Trois Deux avec Eddie Cantor, et il me balance : « Flo, j'ai entendu dire que George Raft a fait son numéro de claquettes ici la semaine dernière. » Et moi j'ai dit : « Non, Al, George n'est jamais venu ici. » Et il a dit : « Si tu l'as laissé faire des claquettes, tu dois me laisser chanter. » J'ai répété : « Al, il n'a jamais mis les pieds chez moi ! » Et Al a demandé : « Est-ce que quelqu'un l'accompagnait au piano ? » Et je l'ai prévenu : « Al, si jamais tu chantes une seule note, je te flanquerai dehors personnellement ! » Là-dessus, Jolson s'est mis à genoux et s'est mis à attaquer *O Mammy !*

Pendant qu'il était en train de chanter, j'ai vendu la baraque, et avant qu'il ait fini sa chanson, c'était devenu la Blanchisserie Wang Ho.

Jolson ne me l'a jamais pardonné. D'autant qu'en sortant, il avait glissé sur une pile de chemises.

Ah ! C'était le bon temps ! On savait encore rigoler…

POUR EN FINIR
UNE BONNE FOIS
POUR TOUTES
AVEC LA CULTURE

POUR EN FINIR
AVEC LA CRITIQUE FREUDIENNE

Vous avez déjà entendu parler du docteur Freud ?
Oui, bien sûr. Ce pittoresque praticien autrichien
(1856-1939) ne s'est pas contenté de soigner la vari-
celle et les oreillons, comme certains ignares le pensent
encore, mais il a aussi, dans un moment d'inspira-
tion, fondé la psychanalyse, à savoir le traitement
des névroses par la recherche des influences psycho-
sexuelles refoulées dans l'inconscient de l'individu.

Le freudisme n'a pas seulement fait la fortune
des psychanalystes, mais aussi celle de certains
critiques littéraires, qui expliquent le génie de Dos-
toïevski par le fait qu'il avait reçu une gifle à l'âge
de trois ans, et la folie de Van Gogh par celui que
sa nourrice n'avait jamais voulu lui laisser téter
que son sein droit.

Mr Allen, freudiste convaincu, nous livre le fruit
de ses travaux concernant l'œuvre du célébrissime
Metterling, à la lumière desquels il éclaire un
aspect inédit de ce lumineux esprit.

LES LISTES METTERLING

Vénal et fils viennent enfin d'éditer le premier volume, longtemps attendu, des listes de blanchissage de Metterling (*Recueil des listes de blanchissage de Hans Metterling*, tome I, 437 pages et une introduction de 32 pages, plus un index : $ 18,75) agrémentées de commentaires érudits par le fameux metterlinguiste Gunther Eisenbud.

La décision de publier ce livre isolément, avant l'achèvement de l'œuvre totale en quatre volumes, est à la fois intelligente et bien venue, car ce livre aussi pétillant qu'opiniâtre va mettre fin définitivement à la rumeur désagréable selon laquelle Vénal et fils, ayant récolté d'importants profits grâce aux romans, pièces de théâtre, journaux intimes, notes et lettres de Metterling, avaient fini par épuiser le filon. Comme les mauvaises langues se trompaient !

À la vérité, la toute première liste de blanchissage Metterling :

Liste n° 1
6 caleçons

161

4 gilets de corps
6 paires de chaussettes bleues
4 chemises bleues
2 chemises blanches
6 mouchoirs
Pas d'amidon

constitue une introduction parfaite, quasi totale, à ce génie inquiet, surnommé par ses contemporains « le Fantastique Pragois ».

Cette liste fut griffonnée à la hâte à l'époque où Metterling écrivait *les Confessions d'un fromage anormal*, cet ouvrage d'une étonnante importance philosophique dans lequel il prouvait non seulement que Kant avait une conception erronée de l'univers, mais encore qu'il n'avait jamais réglé une seule addition au restaurant. La répugnance de Metterling pour l'amidon est typique de cette période, et quand son premier paquet de linge lui revint trop raide, Metterling se sentit triste et déprimé.

Sa logeuse, Frau Weiser, raconta à des amis : « Herr Metterling est resté enfermé des journées entières dans sa chambre, à pleurer parce qu'on avait amidonné ses caleçons. »

Évidemment, Breuer a déjà établi la relation entre les sous-vêtements raidis et la sensation permanente qu'éprouvait Metterling d'être l'objet de chuchotements ironiques derrière son dos. (*Psychose paranoïde-dépressive dans les premières listes Metterling*, Zeiss Press.) Cette obsession de la désobéissance aux instructions apparaît dans l'unique pièce de Metterling, *Asthme*, lorsque Needleman apporte par erreur au Walhalla la balle de tennis maudite.

L'énigme évidente de la deuxième liste :

Liste n° 2
7 caleçons
5 gilets de corps
7 paires de chaussettes noires
6 chemises bleues
6 mouchoirs
Pas d'amidon

réside dans les sept paires de chaussettes noires, le profond attachement de Metterling pour le bleu étant connu depuis longtemps. À la vérité, pendant des années, la simple mention de toute autre couleur le mettait en fureur, à tel point qu'un jour il poussa Rilke dans une ruche, le poète lui ayant dit qu'il préférait les femmes aux yeux bruns.

Selon Anna Freud (« *Les Chaussettes de Metterling considérées comme une expression du complexe d'Œdipe* », *Revue de la Psychanalyse*, novembre 1935), sa soudaine volte-face en faveur de chaussettes plus sombres est consécutive à une anecdote connue comme l'« incident de Bayreuth ».

Ce fut là que, pendant le premier acte de *Tristan*, il éternua, déplaçant la moumoute de l'un des plus opulents directeurs de l'Opéra. Le public s'agita, mais Wagner prit la défense du fautif avec cette remarque devenue classique : « Ça arrive à des gens très bien. » Sur quoi, Cosima Wagner éclata en sanglots et accusa Metterling d'avoir voulu saboter le travail de son mari.

Que Metterling ait eu des intentions sur Cosima Wagner est indubitable, et nous savons qu'il lui avait pris la main une fois à Leipzig, et de nouveau quatre ans plus tard, dans la vallée de la Ruhr. À Dantzig, pendant un orage, il fit une allusion détournée à son tibia, alors elle jugea préférable de ne plus jamais le revoir. Rentrant chez lui dans un grand état d'exaltation, Metterling écrivit d'un jet *les Pensées d'un poulet*, dont il dédia le manuscrit original aux Wagner. Le jour où ils s'en servirent pour caler le pied d'une table de cuisine, Metterling devint neurasthénique et se convertit aux chaussettes noires.

Sa femme de ménage l'adjura de conserver ses chères chaussettes bleues, ou du moins d'essayer du marron, mais Metterling l'invectiva en ces termes : « Souillon ! Et pourquoi pas des écossaises, hein ? »

Dans la troisième liste :

Liste n° 3
6 mouchoirs
5 gilets de corps
8 paires de chaussettes
3 draps de lit
2 taies d'oreiller

la literie est mentionnée pour la première fois. Metterling aimait beaucoup la literie, particulièrement les taies d'oreiller, que lui et sa sœur, quand ils étaient enfants, mettaient sur leur tête pour jouer aux fantômes, jusqu'à ce qu'un jour, aveuglé, il tombât au fond d'une carrière de pierres, ce qui mit fin à ces amusements juvéniles.

164

Metterling aimait dormir dans des draps frais, de même que les héros de ses romans. Horst Wasserman, le serrurier impuissant de *Filets de hareng*, commet un meurtre pour changer de draps, et Jenny, dans *les Doigts du berger*, est prête à aller au lit avec Klineman (qu'elle hait depuis qu'il a volé du beurre à sa mère) « à condition qu'il y ait des draps de soie ».

Il est tragique que la blanchisseuse n'ait jamais traité ses draps à la totale satisfaction de Metterling, mais affirmer, comme Pfaltz, que sa consternation à ce sujet l'empêcha d'achever *Où que tu ailles, crétin* est absurde. Metterling appréciait le luxe de donner ses draps à laver, mais ne s'en rendait pas esclave.

Ce qui empêcha Metterling de mener à bien son recueil de poèmes pourtant si longuement mûri fut une histoire d'amour avortée, qui se lit en filigrane dans la célèbre « quatrième liste » :

Liste n° 4
7 caleçons
6 mouchoirs
6 gilets de corps
7 paires de chaussettes noires
Pas d'amidon
Service rapide

En 1884, Metterling rencontra Lou Andreas-Salomé, et soudain, nous le constatons, il demanda que son blanchissage soit exécuté dans la journée.

Dans la réalité, le couple fut présenté par Nietzsche, lequel avait dit à Lou que Metterling était soit

165

un génie, soit un idiot, ce qu'elle avait voulu élucider par elle-même.

À cette époque, le service rapide dans la journée (pris le matin, rendu le soir) avait acquis une popularité certaine en Europe, particulièrement auprès des intellectuels, et cette innovation avait été bien accueillie par Metterling. Tout d'abord, c'était exact, et Metterling aimait l'exactitude. Il se rendait très tôt à ses rendez-vous – quelquefois plusieurs jours en avance, au point qu'on le faisait attendre dans la chambre d'amis.

Lou aimait aussi recevoir son linge propre au jour le jour. Elle manifestait une joie enfantine quand, au retour d'une promenade dans les bois avec Metterling, elle déballait le nouveau paquet de linge. Elle aimait ses gilets de corps et ses mouchoirs, mais par-dessus tout elle adorait ses caleçons.

Elle écrivit à Nietzsche que les caleçons de Metterling étaient les choses les plus sublimes qu'elle eût connues depuis *Ainsi parlait Zarathoustra*. Nietzsche accepta ce camouflet en parfait gentleman, mais il se montra toujours jaloux des sous-vêtements de Metterling, et dit à certains de ses proches qu'il les trouvait « hégéliens à l'extrême ».

Lou Salomé et Metterling se séparèrent après la grande famine de 1886, et, bien que Metterling ait pardonné à Lou, elle dit toujours de lui par la suite que « son esprit avait des recoins d'hôpital ».

La cinquième liste :

Liste n° 5
6 gilets de corps

6 caleçons
6 mouchoirs

a toujours déconcerté les exégètes, principalement à cause du manque total de chaussettes. (Thomas Mann lui-même, de nombreuses années plus tard, fut si préoccupé par ce problème qu'il écrivit là-dessus tout un drame, *la Lingerie de Moïse*, qu'il laissa accidentellement tomber dans un égout.)

Pourquoi ce géant littéraire supprima-t-il soudain les chaussettes de sa liste hebdomadaire ? Certainement pas, comme certains érudits le prétendent, par une manifestation de sa folie naissante, bien que Metterling ait à cette époque adopté certains comportements étranges. En premier lieu, il était continuellement persuadé d'être suivi ou de suivre quelqu'un. Il entretint ses proches d'un complot gouvernemental ourdi pour lui voler son menton, et, une fois même, lors de vacances à Iéna, il ne put rien prononcer d'autre que le mot « aubergine » pendant quatre jours entiers. Cependant, ces accès demeurèrent sporadiques et n'ont rien à voir avec les chaussettes manquantes. Pas davantage que son émulation avec Kafka, qui, pendant une brève période de sa vie, cessa lui-même de porter des chaussettes.

Mais Eisenbud nous affirme que Metterling continua d'en porter. Il cessa simplement de les envoyer à la blanchisserie ! Et pourquoi ?

Parce qu'à cette époque il s'était procuré une nouvelle femme de ménage, Frau Milner, laquelle consentit à laver ses chaussettes à la main – geste qui émut Metterling au point qu'il légua à cette femme la totalité de sa fortune, qui consistait en un chapeau de feutre noir et un peu de tabac. Elle apparaît sous le nom d'Hilda dans son allégorie fantaisiste *le Pus de la mère Brandt*.

Manifestement, la personnalité de Metterling avait commencé à se détériorer dès 1894, si nous pouvons nous fier à la sixième liste :

Liste n° 6
25 mouchoirs
1 gilet de corps
5 caleçons
1 chaussette

et il n'y a rien d'étonnant à apprendre que ce fut à cette époque que commencèrent ses séances de psychanalyse avec Freud.

Il avait rencontré Freud des années auparavant à Vienne, où ils assistaient ensemble à une représentation d'*Œdipe roi*, à la fin de laquelle on avait dû emporter Freud sur un brancard, en pleine crise nerveuse.

Leurs séances furent orageuses, si nous en croyons les notes de Freud, et Metterling se montra franchement hostile. Une fois même il menaça Freud de lui amidonner la barbe, et dit souvent qu'il lui rappelait son blanchisseur…

Insensiblement, les rapports étranges entre Metterling et son père émergèrent. (Les spécialistes de Metterling sont déjà familiers avec son père, un fonctionnaire subalterne qui prenait plaisir à ridiculiser Metterling en le comparant à une saucisse.) Freud décrit un rêve significatif que Metterling lui avait relaté :

J'assiste à un dîner avec quelques amis quand soudain un homme surgit avec un bol de potage qu'il tient en laisse. Il accuse mes sous-vêtements de trahison ; une dame prend ma défense, et son cerveau tombe sur le sol. Dans son rêve, je trouve l'incident amusant et éclate de rire. Tout le monde se met à rire, à l'exception de mon blanchisseur qui demeure assis, rébarbatif et se fourre du porridge dans les oreilles. Mon père entre, ramasse le cerveau de la dame et s'enfuit avec. Il se précipite sur une place publique en hurlant : « Enfin ! Enfin ! Un cerveau pour moi seul ! Maintenant, je n'aurai plus besoin de me reposer sur mon imbécile de fils ! » Dans le rêve, ce comportement m'attriste, et je suis saisi du besoin irrésistible d'embrasser le linge du bourgmestre. (À cet endroit, le patient pleure et oublie la suite du rêve.)

Grâce aux éclaircissements apportés par ce rêve, Freud eut la possibilité de soigner Metterling, et les deux hommes devinrent amis en dehors des heures d'analyse, bien que Freud ne laissât jamais Metterling marcher derrière lui.

On annonce que, dans le tome II, Eisenbud va étudier les listes 7 à 25, qui comprennent les années de « blanchisseuse privée » de Metterling, ainsi que son pathétique conflit avec le Chinois du coin.

POUR EN FINIR AVEC LA MAFIA

La Mafia – que l'on confond souvent avec le Syndicat du Crime – constitue une véritable mine d'or pour les romanciers et les scénaristes, qui ne se privent pas de l'exploiter à longueur d'années. Les statistiques prouvent que le mot Mafia *est prononcé toutes les dix secondes dans l'ensemble des programmes de la télévision américaine. Quant aux livres sur cette organisation criminelle, ils sont si nombreux que, pour pouvoir les entreposer, il a fallu les réduire sur microfilms et construire un blockhaus spécial de 200 kilomètres carrés à la Bibliothèque des Congrès de Washington.*

Sur le plan cinématographique, l'énorme succès mondial du film Le Parrain *a aussitôt provoqué un raz de marée de productions basées sur la Mafia. C'est ainsi que nous pourrons voir sous peu :* Le filleul, La Marraine, Le fils du Parrain, Le retour du Parrain, Celui qui m'a porté sur les fonts baptismaux *(de Robert Bresson),* Un Parrain ou deux par deux *(avec Francis Blanche et Darry Cowl) et* Pour quelques Parrains de plus *de Sergio Leone.*

Mais tout ce que l'on a dit et écrit jusqu'à présent sur la mystérieuse et sinistre Mafia demeurait incomplet, fragmentaire et, disons le mot, totalement irréaliste. Grâce à Mr Allen, qui a mené une périlleuse enquête sur les bas-fonds, nous sommes fiers de vous présenter la vérité. Toute la vérité !

LA VÉRITÉ SUR LA MAFIA

Ce n'est un secret pour personne, l'organisation du crime en Amérique rapporte quarante billions de dollars par an. Revenu d'autant plus lucratif que la Mafia dépense très peu en frais de bureaux.

Des sources dignes de foi indiquent que la Cosa Nostra n'a pas dépensé l'année dernière plus de six mille dollars en fournitures de papeterie, et encore moins en trombones. De plus, ces gens ont une secrétaire qui se charge de toute la dactylographie et pour quartier général seulement trois petites pièces dont ils partagent le loyer avec le studio de danse de Fred Persky.

L'an dernier, l'organisation du crime fut directement responsable de plus de cent meurtres, et des *mafiosi* participèrent indirectement à plusieurs centaines d'autres, soit en prêtant aux tueurs de quoi payer leur taxi, soit en tenant leurs manteaux pendant qu'ils tiraient.

Les autres activités illicites dans lesquelles est impliquée la Cosa Nostra comprennent le jeu, les stupéfiants, la prostitution, les détournements d'avions, les prêts usuraires et le transport d'un poisson rouge d'un État dans l'autre à des fins immorales[1]. Les tentacules de cet empire de la corruption atteignent le gouvernement lui-même. Voici à peine quelques mois, deux chefs de gang sous inculpation fédérale ont passé la nuit à la Maison-Blanche, et le président a dormi sur le divan.

HISTOIRE DU CRIME ORGANISÉ AUX ÉTATS-UNIS

En 1921, Thomas Covello (le Boucher) et Ciro Santucci (le Tailleur) entreprirent d'organiser entre eux les groupes ethniques disparates des bas-fonds et ainsi de prendre en main Chicago. Ce projet échoua quand Albert Corillo (le Positiviste Logique) assassina Kid Lipsky en l'enfermant dans un placard et en aspirant du dehors tout l'oxygène avec une paille. Le frère de Lipsky, Mendy (alias Mendy Lewis, alias Mendy Larsen, alias Mendy Alias) vengea le meurtre de Lipsky en kidnappant le frère de Santucci, Gaetano (qui se faisait appeler Little Tony ou rabbi Henry Sharpstein) et en le restituant plusieurs semaines plus tard dans vingt-sept bocaux à confitures. Ce qui donna le signal de départ d'un bain de sang.

Dominic Mione (l'Herpétologiste) abattit Lorenzo la Veine (ainsi surnommé parce qu'une bombe qu'on avait déposée dans son chapeau n'avait pas éclaté) à la sortie d'un bar de Chicago. En guise de riposte, Corillo et ses hommes poursuivirent Mione jusqu'à

---

1. Allusion à la loi fédérale qui interdit de faire franchir la limite d'un État à une femme sans son consentement (N.d.T.).

Newark et transformèrent sa tête en instrument à vent.

À ce point des opérations, le gang Vitale, dirigé par Giuseppe Vitale (de son vrai nom Quincy Baedeker) fit une tentative pour s'emparer du trafic d'alcool à Harlem, domaine de Harry Doyle l'Irlandais – un racketter si méfiant qu'il refusait de laisser quiconque à New York marcher derrière lui, et déambulait dans les rues en pirouettant constamment sur lui-même. Doyle fut tué lorsque la compagnie de construction Squillante décida d'édifier ses nouveaux bureaux à l'endroit où il était en train d'allumer un cigare.

Le lieutenant de Doyle, Pety Ross le Nain (dit le Grand Pety) prit alors les commandes ; il résista à l'emprise de Vitale et attira Vitale dans un garage désaffecté du centre sous le prétexte qu'on y donnait une soirée costumée. Sans méfiance, Vitale pénétra dans le garage, déguisé en Mickey Mouse, et fut instantanément criblé de balles de mitraillette. Déloyaux à leur défunt chef, les hommes de Vitale se rallièrent immédiatement à Ross. Ce que fit aussi la fiancée de Vitale, Bea Moretti, une théâtreuse, vedette à Broadway de la comédie musicale à succès *Say Kaddish*, qui fit une fin en épousant Ross, ce qui ne l'empêcha pas plus tard de le poursuivre en divorce, l'accusant de lui avoir vaporisé sur le corps un déodorant qui puait le moisi.

Redoutant une intervention du F.B.I., Vincent Columbraro, le Roi du Toast Beurré, demanda une trêve. (Columbraro contrôlait de si près la moindre tartine beurrée qui entrait ou sortait du New Jersey qu'un seul mot de lui aurait pu priver de petit déjeuner les deux tiers de la nation.)

Tous les membres de la pègre furent conviés à un dîner à Perth Amboy, où Columbraro leur déclara que la guérilla interne devait prendre fin et qu'à partir de maintenant ils devaient s'habiller correctement et cesser de raser les murs.

Les lettres jusque-là signées d'une main noire seraient à l'avenir signées *Meilleurs vœux*, et la totalité du territoire du New Jersey serait partagée en parties égales, le New Jersey étant dévolu à la mère de Columbraro. Ainsi naquit la Mafia ou Cosa Nostra.

Deux jours après, Columbraro entra dans sa baignoire pour prendre un bon bain chaud ; quarante-six ans plus tard, on est toujours sans nouvelles de lui.

ORGANIGRAMME D'UNE ASSOCIATION

La Cosa Nostra est structurée comme n'importe quel gouvernement ou grande administration – ou, en l'occurrence, groupe de gangsters.

Au sommet nous trouvons le *capo di tutti capi*, ou patron de tous les patrons. Les réunions se tiennent à son domicile, et il accepte la responsabilité du buffet froid et des cubes de glace. Tout manquement à cette règle signifie la mort immédiate. (Pour mémoire, la mort étant l'une des pires choses qui puissent arriver à un membre de la Cosa Nostra, certains préfèrent simplement payer une amende.)

En dessous du patron des patrons se trouvent les lieutenants, chacun d'eux dirigeant un quartier de la ville avec sa « famille ». Les familles de la Mafia ne consistent pas simplement en une femme et des enfants qui passent leur temps à aller au cirque ou en pique-nique. Ce sont en réalité des groupes d'hommes tout à fait sérieux dont la principale distraction dans l'existence consiste à observer combien de temps certains individus peuvent rester immergés dans l'East River avant de commencer à gargouiller.

La cérémonie d'initiation à la Mafia est quelque peu compliquée. Le futur membre a les yeux bandés, et on l'enferme dans une pièce obscure. On lui fourre des tranches de melon dans les poches, puis on lui demande de sauter en rond sur un pied en criant : « Taiaut, taiaut ! » Ensuite, tous les membres du conseil d'administration (ou *commissione*) viennent successivement lui tirer la lèvre inférieure plus ou moins fort. Certains ont même le droit de le faire deux fois de suite. Enfin, on lui pose des flocons d'avoine sur la tête. S'il proteste, il est disqualifié. Si, au contraire, il s'exclame : « Bravo, j'adore avoir des flocons d'avoine sur la tête », il est intronisé dans la confrérie. Ceci est concrétisé par des poignées de main et des baisers sur la joue. À partir de cette minute, il n'a plus le droit de manger de curry, d'imiter une poule pour faire rire ses amis ou de tuer quiconque nommé Vito.

CONCLUSIONS

Le crime organisé est une tache sur notre nation. Pendant que d'innombrables jeunes Américains sont attirés dans la carrière du crime par ses promesses de vie facile, de nombreux criminels, à l'heure actuelle, sont obligés de travailler de longues heures, et fréquemment dans des immeubles dépourvus d'air conditionné.

Chacun de nous doit être capable d'identifier des criminels. Habituellement, ils peuvent être reconnus à leurs gros boutons de manchettes et au fait qu'ils n'arrêtent pas de manger lorsque leur voisin de table reçoit une enclume sur la tête.

Les meilleures méthodes pour combattre le crime organisé sont :

1. – Faire savoir aux criminels que vous n'êtes pas chez vous.

2. – Appeler la police chaque fois qu'un nombre inhabituel d'employés de la Compagnie Sicilienne de Blanchissage commencent à chanter dans votre vestibule.

3. – L'enregistrement magnétique.

L'enregistrement magnétique ne doit pas être utilisé sans discernement, mais son efficacité sera illustrée ici par la transcription d'un dialogue entre deux chefs de gang de la région de New York dont les téléphones étaient surveillés par le F.B.I.

ANTHONY. – Allô, Rico ?
RICO. – Allô ?
ANTHONY. – Rico ?

RICO. – Allô ?

ANTHONY. – Rico ?

RICO. – Je ne vous entends pas.

ANTHONY. – C'est toi, Rico ? Je ne t'entends pas.

RICO. – Quoi ?

ANTHONY. – Est-ce que tu m'entends ?

RICO. – Allô ?

ANTHONY. – Rico ?

RICO. – La ligne est mauvaise.

ANTHONY. – Est-ce que tu m'entends ?

RICO. – Allô ?

ANTHONY. – Rico ?

RICO. – Allô ?

ANTHONY. – Mademoiselle, la ligne est mauvaise.

OPÉRATRICE. – Raccrochez et refaites votre numéro, monsieur.

RICO. – Allô ?

À cause de cette preuve irréfutable, Anthony Rotunno (le Poisson) et Rico Panzini furent condamnés, et purgent actuellement quinze ans à Sing Sing pour possession illégale d'alcool de menthe.

POUR EN FINIR
AVEC LES MÉMOIRES DE GUERRE

La Seconde Guerre mondiale (1939-1945) a fait d'innombrables victimes. Tout d'abord, cinquante-quatre millions huit cent mille morts répertoriés, puis environ trois fois plus de lecteurs de Mémoires de guerre.

On a publié bon an mal an depuis 1945 deux mille sept cent cinquante épais volumes en toutes langues, de sources variées, qui tous relatent à la première personne du singulier ce qui s'est déroulé pendant ces années noires.

Depuis peu, il existe même en France plusieurs magazines richement illustrés sur beau papier, qui présentent de façon aussi pimpante que possible les carnets secrets d'Eva Braun, les notes griffonnées par Goebbels, les souvenirs pitoyables de Rudolf Hess ou de Martin Bormann.

Mais jusqu'ici, personne n'était allé aussi loin que Mr Allen dans le retour aux sources. Des recherches longues et coûteuses lui ont permis de se procurer les bonnes pages d'un document véritablement sensationnel, qui, nous en sommes certains, va mettre fin d'une façon définitive à cette foutue guerre.

LES MÉMOIRES DE SCHMIDT

La floraison apparemment inextinguible d'œuvres littéraires sur le IIIe Reich se poursuit inlassablement avec l'annonce de la publication prochaine des mémoires de Friedrich Schmidt.

Schmidt, le plus célèbre coiffeur de l'Allemagne en guerre, dispensait ses services capillaires à Hitler et à toutes les grosses têtes de l'armée et du gouvernement.

Comme cela fut démontré lors des procès de Nuremberg, Schmidt semblait non seulement se trouver toujours au bon endroit au bon moment, mais encore posséder une mémoire plus qu'infaillible, et par là même il était parfaitement qualifié pour écrire ce livre incisif sur les secrets les plus jalousement gardés de l'Allemagne nazie. En voici quelques brefs extraits :

Un jour de printemps 1940, une énorme Mercedes s'arrêta devant mon salon de coiffure, au 127, Kœnigstrasse, et Hitler entra.

– Je veux un léger rafraîchissement dit-il, et n'en retirez pas trop sur le dessus.

Je lui fis remarquer qu'il devrait attendre un petit moment, car von Ribbentrop était avant lui. Hitler dit qu'il était très pressé et demanda à Ribbentrop de lui céder son tour, mais Ribbentrop refusa, alléguant que ça la ficherait mal au ministère des Affaires étrangères s'il se laissait passer devant.

Là-dessus Hitler donna un rapide coup de téléphone, Ribbentrop fut immédiatement muté dans l'Afrika Korps, et Hitler eut sa coupe de cheveux.

Il y avait continuellement des rivalités semblables. Une fois Goering fit arrêter Heydrich par la police sous un faux prétexte, à seule fin d'avoir le fauteuil près de la fenêtre. Goering, qui était débauché, voulait souvent se mettre sur le cheval de bois des enfants pour se faire couper les cheveux. Cela ennuyait beaucoup le haut-commandement nazi, mais nul ne pouvait rien y faire. Un jour, Hess osa le provoquer :

– Je voudrais le cheval de bois aujourd'hui, Herr Feldmarechal, dit-il.

– Impossible, je l'ai retenu, rétorqua Goering.

– J'ai reçu des ordres personnels du Führer. Ils stipulent que j'ai l'autorisation de m'asseoir sur le cheval pendant ma coupe de cheveux.

Et Hess d'exhiber une lettre d'Hitler à cet effet. Goering devint livide. Il ne devait jamais pardonner à Hess, et déclara qu'à l'avenir il se ferait couper les cheveux à la maison par sa femme avec un bol. Hitler éclata de rire quand il apprit la chose, mais Goering parlait sérieusement, et il aurait mis son projet à exécution, si le ministère des Armées n'avait refusé sa demande de réquisition de ciseaux à effiler.

On m'a souvent demandé si j'avais conscience des implications morales de mes actes… Comme je l'ai dit au tribunal de Nuremberg, j'ignorais totalement qu'Hitler fût un nazi. À vrai dire, pendant des années, j'ai cru qu'il travaillait pour la compagnie des téléphones. Quand j'ai finalement découvert quel monstre il était, il était trop tard pour refuser sa clientèle, car je venais d'acheter du mobilier à crédit.

Une fois, vers la fin de la guerre, j'envisageai de desserrer la serviette que le Führer avait autour du cou, et de laisser glisser quelques petits cheveux dans son dos, mais, au dernier moment, mes nerfs me trahirent.

Un jour à Berchtesgaden, Hitler se tourna vers moi et me demanda :

– Quel tête aurais-je avec des favoris ?

Speer ricana, et Hitler prit un air offensé :

– Je suis tout à fait sérieux, Herr Sperr, dit-il, je pense que des favoris pourraient très bien m'aller.

Goering, ce clown obséquieux, approuva instantanément, disant :

– Le Führer en favoris, quelle excellente idée !

Speer persista dans l'avis contraire. Il était, en fait, le seul homme suffisamment honnête pour dire au Führer quand il avait besoin d'une coupe de cheveux.

– Trop m'as-tu-vu ! dit Speer, des favoris sont le genre de choses que je verrais bien sur Churchill.

Ce qui exaspéra Hitler. Il voulut savoir si Churchill envisageait de se laisser pousser des favoris, et si oui, combien, et quand ?

On convoqua immédiatement Himmler, qui était censé diriger les services secrets. Goering, vexé par l'attitude de Speer, lui chuchota :

– Pourquoi faites-vous des vagues, hein ? S'il veut des favoris laissez-lui porter des favoris !

Speer, généralement diplomate, traita Goering d'hypocrite et d'espèce de fayot figé dans un uniforme allemand. Goering jura de se venger, et plus tard la rumeur courut qu'une équipe spéciale de SS avait mis le lit de Speer en portefeuille.

Himmler arriva en catastrophe. Le coup de téléphone le mandant à Berchtesgaden l'avait interrompu au milieu d'une leçon de claquettes. Il craignait d'avoir des ennuis à cause d'un chargement égaré de plusieurs milliers de chapeaux de cotillon en papier qu'attendait Rommel pour son offensive d'hiver. (Himmler n'était jamais invité à dîner à Berchtesgaden à cause de sa mauvaise vue ; Hitler ne pouvait pas supporter de le voir soulever sa fourchette en direction de sa bouche, puis se flanquer toute la nourriture sur le menton.)

Himmler sentit que quelque chose n'allait pas lorsque Hitler l'appela « Rase-Mottes », ce qu'il ne faisait que dans les moments d'irritation. Brusquement, le Führer se tourna vers lui, vociférant :

– Est-ce que Churchill va se laisser pousser des favoris ?

Himmler devint tout rouge.

– Eh bien ?

Himmler bafouilla qu'il avait été question que Churchill envisageât des favoris, mais que cela n'avait rien d'officiel. Quant à la taille et au nombre, expliqua-t-il, il y en aurait probablement une paire,

186

de longueur moyenne, mais il ne voulait pas s'avancer davantage avant de posséder une certitude.

Hitler se mit à brailler et frappa du poing sur la table. (Ceci marqua le triomphe de Goering sur Speer.) Hitler déplia une carte des opérations et nous expliqua comment il comptait supprimer à l'Angleterre tout approvisionnement de serviettes chaudes. En opérant un blocus sur les Dardanelles, Doenitz pouvait intercepter toutes les serviettes à destination de la côte anglaise, privant de leur lénifiante application les visages britanniques en proie au feu du rasoir.

Mais le problème de base demeurait ! Hitler pourrait-il battre Churchill dans la course aux favoris ? Himmler dit que Churchill avait peut-être pris une avance qu'il serait impossible de rattraper. Goering, cet optimiste béat, prétendit que le Führer serait parfaitement capable de faire pousser ses favoris plus vite que n'importe qui, pour peu que toute la puissance de l'Allemagne fût mobilisée dans une concentration d'efforts.

Lors d'une réunion de l'état-major général, von Rundstedt déclara que ce serait une erreur que de vouloir faire pousser des favoris sur deux fronts à la fois et, qu'à son avis, il serait bien plus habile et efficace de concentrer tous les efforts sur un seul favori, mais un bon.

Hitler dit qu'il se sentait tout à fait capable d'en avoir sur les deux joues simultanément, Rommel se rallia à l'avis de von Rundstedt :

– Ils ne pousseront jamais à la même vitesse, *Mein Führer*, dit-il. Pas si vous les précipitez !

En pleine fureur, Hitler rétorqua sèchement qu'il s'agissait d'une affaire privée entre lui et son coiffeur. Ce que voyant, Speer s'engagea à faire tripler notre production de crème à raser avant l'automne, et Hitler retrouva sa joie de vivre.

Puis, pendant l'hiver 1942, les Russes lancèrent une contre-offensive et les favoris passèrent au second plan. Le découragement d'Hitler s'accrut ; il avait très peur que Churchill ne devienne merveilleusement séduisant, tandis que lui-même resterait quelconque, mais très peu de temps après la nouvelle nous parvint que Churchill avait abandonné toute idée de favoris comme trop onéreuse.

Cette fois encore, le Führer avait prouvé sa supériorité.

À la suite de l'invasion alliée, Hitler se mit à avoir des cheveux secs et rebelles. Cet état de choses était dû, d'une part au succès des Alliés, d'autre part au conseil de Goebbels, qui lui avait dit de se laver la tête tous les jours.

Dès que le général Guderian apprit la nouvelle, il abandonna aussitôt le front russe pour venir dire au Führer de ne pas faire de shampooings plus de trois fois par semaine. Cette technique avait été utilisée avec succès par l'état-major général lors des deux guerres précédentes. Mais, une fois encore, Hitler ne tint pas compte de cet avis et continua ses lavages quotidiens. Bormann, qui l'aidait pour ses rinçages, le suivait partout avec un peigne. À la longue, Hitler tomba sous la dépendance de Bormann, au point que, avant de se regarder dans un miroir, il laissait Bormann s'y regarder avant lui.

Lorsque les armées alliées attaquèrent à l'Est, les cheveux d'Hitler allèrent de mal en pis. Secs et cassants. Des heures durant, il rageait, se demandant comment il pourrait obtenir une belle coupe de cheveux, se faire raser et peut-être se faire cirer les bottes, pour le cas où l'Allemagne gagnerait la guerre. Je réalise maintenant qu'il n'avait jamais réellement eu l'intention de faire tout ça.

Un jour, Hess subtilisa la lotion capillaire du Führer et partit pour l'Angleterre en avion. Le haut-commandement allemand s'affola. Il craignait que Hess n'ait projeté de livrer la lotion aux Alliés en échange d'une amnistie pour lui. Hitler fut particulièrement furieux quand il apprit la nouvelle, juste au moment où il sortait de la douche et s'apprêtait à soigner ses cheveux. (Hess devait expliquer plus tard à Nuremberg que son plan était de scalper Churchill, pour essayer de mettre fin à la guerre. Il était déjà parvenu à pencher la tête de Churchill au-dessus d'une cuvette quand il fut appréhendé.)

À la fin de 1944, Goering se laissa pousser une moustache, provoquant ainsi le bruit qu'il allait bientôt remplacer Hitler. Ce dernier, mécontent, accusa Goering de trahison :

– Parmi les maîtres du Reich, il ne doit y avoir qu'une moustache, et ce sera la mienne ! cria-t-il.

Goering argua que deux moustaches pourraient rendre au peuple allemand quelque espoir quant à l'issue de la guerre, qui pour l'instant se présentait mal, mais Hitler demeura sur sa position.

Ensuite, en janvier 1945, le complot des Généraux pour raser la moustache d'Hitler pendant son sommeil et proclamer Doenitz à sa place échoua parce que Stauffenberg, dans l'obscurité de la chambre à coucher, se trompa d'emplacement et rasa l'un des sourcils du Führer. L'état d'urgence fut proclamé, et Goebbels surgit dans ma boutique :

– Un attentat vient d'avoir lieu contre la moustache du Führer ; mais il a échoué, dit-il en tremblant.

Goebbels organisa une émission de radio dans laquelle je m'adresserais au peuple allemand, ce que je fis, avec un minimum de notes.

– Le Führer va bien, certifiai-je. Il a toujours sa moustache. Je répète : le Führer a toujours sa moustache. Un complot pour la raser a échoué.

Vers la fin, j'allai dans le bunker de Hitler. Les armées alliées se rapprochaient dangereusement de Berlin, et Hitler avait le sentiment que, si les Russes arrivaient les premiers, il aurait besoin d'une coupe complète, mais que si c'étaient les Américains, un simple rafraîchissement suffirait.

Tout le monde discutait. Au milieu de tout ce désordre, Bormann voulut que je le rase, et je lui promis de le faire, aussitôt que j'aurais dressé le relevé morphologique de son visage.

Hitler devenait de plus en plus lointain et morose. Il parlait de se faire une raie d'une oreille à l'autre, puis proclamait que le développement du rasoir électrique changerait la face de la victoire.

– Nous pourrons bientôt nous raser en quelques secondes, hein, Schmidt ? marmonnait-il.

Il se mit à faire des projets extravagants et dit même qu'un jour il se ferait tailler les cheveux à la hache. Obsédé comme toujours par la grandeur, il alla jusqu'à envisager de porter un jour un gigantesque toupet – «de ceux qui feront trembler le monde, et qui nécessiteront une Garde d'Honneur pour le peigner».

Nous nous serrâmes la main une dernière fois, et je lui donnai son ultime coup de peigne. Il me glissa un pfennig de pourboire :

– J'aimerais pouvoir faire plus, dit-il, mais depuis que les Alliés ont envahi l'Europe, je suis un peu à court.

POUR EN FINIR AVEC LA PHILOSOPHIE

La philosophie, si l'on en croit la définition du dictionnaire, c'est tout bête. Il s'agit simplement de l'« étude rationnelle de la pensée humaine, menée du double point de vue de la connaissance et de l'action ».

Jusqu'ici, un enfant de cinq ans, même peu doué pour les études, est capable de suivre. Mais où la philosophie se gâte, c'est quand les philosophes s'en mêlent. D'ailleurs, Cicéron l'avait déjà compris quand il écrivait : « Je ne sais comment il ne se peut rien dire de si absurde qui n'ait été avancé par quelque philosophe. » Sur quoi Anatole France renchérissait : « Il était philosophe tout comme un autre, et il savait, quand il lui plaisait, passer de l'intelligible à l'inintelligible et cesser de se faire comprendre. » Fernand Vanderem, lui qui n'était pas la moitié d'un gugusse, proclamait : « Chez tous les philosophes, même les plus fameux, on retrouve ce même point faible : leur croyance à la philosophie. »

Mais restons-en à un grand philosophe, Blaise Pascal : « Se moquer de la philosophie, c'est vraiment philosopher. »

Mr Allen est, vous allez en avoir la preuve, un grand philosophe.

MA PHILOSOPHIE

L'évolution de ma philosophie s'est révélée de la façon suivante : ma femme, voulant me faire goûter son tout premier essai de soufflé, m'en fit accidentellement tomber une cuillerée sur le pied, me fracturant plusieurs petits os.

Les docteurs accoururent, on m'examina aux rayons X, et je me retrouvai au lit pour un mois. Profitant de ma convalescence, je me plongeai dans les œuvres des plus redoutables penseurs de la société occidentale – une pile de bouquins que j'avais conservés pour une telle éventualité.

Dédaigneux de l'ordre chronologique, je commençai par Kierkegaard et Sartre, puis passai rapidement à Spinoza, Hume, Kafka et Camus. Je ne m'ennuyai pas autant que je ne l'avais craint ; bien au contraire, je me trouvai fasciné par l'empressement avec lequel ces grands esprits attaquaient résolument et tout à la fois la moralité, l'art, l'éthique, la vie et la mort.

Je n'oublierai jamais ma réaction à cette lumineuse observation de Kierkegaard : « Tel rapport qui se rapporte à son propre rapport (c'est le cas de le dire) doit ou bien s'être constitué lui-même ou bien avoir été constitué par autre chose. »

Ce concept me mit les larmes aux yeux. Ma parole, pensai-je, quelle habileté ! (J'appartiens à ce genre d'homme qui a du mal à aligner deux phrases cohérentes sur le thème *Une journée au zoo*.)

Bien sûr, ce passage m'était rigoureusement incompréhensible, mais qu'est-ce que ça pouvait faire, du moment que Kierkegaard avait passé un bon moment ?

Brusquement certain que j'avais toujours été fait pour la métaphysique, je saisis ma plume et commençai aussitôt à jeter sur le papier mes premières méditations.

Mon travail avança à grands pas, et il ne me fallut que deux après-midi – déduction faite des heures de sieste et de casse-croûte – pour parachever l'ouvrage philosophique qui, je l'espère, ne sera pas découvert avant mon décès ou avant l'an 3000 (quel que soit celui qui arrive le premier) et qui, je le crois en toute modestie, m'assurera une place prépondérante parmi les plus importants penseurs de l'Histoire.

Je livre ici quelques échantillons de la plus grande partie du trésor intellectuel que je laisse à la postérité, ou jusqu'au prochain passage de ma femme de ménage.

196

I. CRITIQUE DE LA DÉRAISON PURE

Avant de formuler une quelconque philosophie, la première considération doit toujours être : « Que pouvons-nous savoir ? » C'est-à-dire, que pouvons-nous êtres certains de savoir, ou certains de savoir que nous le savions, à condition bien sûr que ce soit concevable.

Ou l'avons-nous simplement oublié, et sommes-nous trop embarrassés pour dire quoi que ce soit ?

Descartes fit une allusion à ce problème quand il écrivit : « Mon esprit ne pourra jamais connaître mon corps, à moins d'avoir déjà fait la connaissance de mes jambes. »

Entre parenthèses, par « concevable », je n'entends pas ce qui peut être connu par la perception sensorielle, ou ce que l'esprit peut appréhender, mais plutôt ce que l'on peut dire être Connu, ou ce qui possède une Connaissance ou une Connaissabilité, ou au moins quelque chose dont on puisse parler à un ami ou une connaissance.

Pouvons-nous actuellement « connaître » l'univers ? Mon Dieu, c'est déjà suffisamment difficile de trouver son chemin dans Greenwich Village ! L'important, toutefois, est : Y a-t-il quelque chose là dehors ? Et quoi ? Et pourquoi ça fait tellement de potin ?

Finalement, il n'y a pas le moindre doute qu'une des caractéristiques de la « réalité » est qu'elle manque d'essence. Je ne veux pas dire par là qu'elle n'a pas d'essence mais uniquement qu'elle en manque. (La réalité dont je parle ici est la même que celle que Hobbes a décrite, mais un peu plus petite.) En conséquence de quoi le propos cartésien : « Je pense, donc je suis » pourrait aussi bien s'énoncer : « Tiens, voilà Edna avec son saxophone ! »

Ainsi donc, afin de connaître une substance ou une idée, nous devons en douter, et ainsi, en doutant, nous pouvons percevoir les propriétés qu'elle possède en son état définitif, lesquelles sont réellement « dans la chose elle-même » ou « de la chose elle-même » ou de quelque chose, ou de rien du tout. Si je me suis bien fait comprendre, nous pouvons abandonner l'épistémologie pour le moment.

II. DE LA DIALECTIQUE ESCHATOLOGIQUE
CONSIDÉRÉE COMME UN MOYEN DE LUTTER
CONTRE LE ZONA

Nous pouvons dire que l'univers est constitué d'une substance que nous appellerons « atomes » ou d'autre chose que nous appellerons « monades ». Démocrite appelait ça des atomes, Leibniz des monades. Heureusement les deux hommes ne se sont jamais rencontrés, sinon ça aurait drôlement bardé !

Ces « particules » étaient mises en mouvement par quelque cause ou principe sous-jacent, ou peut-être par quelque chose tombé quelque part. L'important est qu'il est trop tard maintenant pour y changer quoi que ce soit, sauf peut-être en mangeant des quantités de poisson cru.

Ceci, naturellement, n'explique pas pourquoi l'âme est immortelle. Pas plus que cela ne dit quoi que ce soit au sujet de la vie ultérieure, ou du sentiment qu'éprouve mon oncle Sender d'être constamment épié par des Albanais.

La relation de cause à effet entre le premier principe (C A D Dieu, ou un vent violent) et tout concept téléologique de l'être (Être) serait selon Pascal « si risible que ce n'en est même pas drôle (Drôle) ». Schopenhauer appelait ceci « volonté » mais son médecin diagnostiqua un rhume des foins. Vers la fin de sa vie, il en fut très aigri, à moins plus vraisemblablement que ce ne fût par le soupçon grandissant qu'il n'était pas Mozart.

III. LE COSMOS POUR CINQ DOLLARS PAR JOUR

Qu'est-ce donc que la « beauté » ? La fusion de l'harmonie et du cosmos, ou la fusion de l'harmonie avec quelque chose qui ressemble au cosmos. L'harmonie aurait aussi bien pu être confondue avec la croûte terrestre, et c'est de là que vient toute l'équivoque.

Par exemple, la vérité, c'est la beauté – ou « l'inéluctable ». Ce qui signifie que ce qui est bon ou possède les caractéristiques du « bon » aboutit à la « vérité ». Si cela ne se produit pas, vous pouvez parier que la chose n'est pas belle, même si elle est étanche. Je commence à penser que j'avais raison en tout premier lieu, et que tout ce qui existe devrait être mélangé à la croûte terrestre. Et puis zut.

Deux paraboles

Un homme s'approche d'un palais. L'unique porte est gardée par plusieurs Huns superbes, qui ne laisseront entrer qu'un certain Julius. L'homme essaie de soudoyer les gardes en leur offrant un abonnement d'un an au Club du Meilleur Poulet. Ils ne dédaignent ni n'acceptent son offre, se contentant de lui saisir le nez et de le tortiller jusqu'à ce qu'il ressemble à un tire-bouchon. L'homme dit qu'il doit absolument pénétrer dans le palais, car il apporte à l'empereur des sous-vêtements de rechange. Comme les gardes refusent toujours, l'homme commence à danser le charleston. Bien qu'ils semblent apprécier sa façon de danser, ils deviennent soucieux en pensant au traitement réservé aux tribus navajos par le gouvernement fédéral. Hors d'haleine, l'homme s'effondre. Il meurt, sans jamais avoir vu l'empereur, et, sans avoir payé à la maison Steinway les soixante dollars restant dus sur le piano qu'il avait loué en août dernier.

*
* *

On me remet un message à transmettre au général. Je chevauche et chevauche sans relâche, mais le quartier général semble s'éloigner et s'éloigner à mesure. Finalement, une gigantesque panthère noire bondit sur moi et dévore mon cœur et mon cerveau. Ceci gâche ma soirée. De quelque façon que j'essaie, je ne réussis pas à attraper le général, que je vois courir au loin, en caleçon, chuchotant le mot « muscade » à ses ennemis.

*
* *

Aphorismes

Il est difficile de faire l'expérience objective de sa propre mort tout en fredonnant une chanson.

*
* *

L'univers n'est jamais qu'une idée fugitive dans l'esprit de Dieu – pensée joliment inquiétante, pour peu que vous veniez d'acheter une maison à crédit.

*
* *

On peut s'accommoder du néant éternel, pour peu qu'on ait le costume adéquat.

*
* *

Si seulement Dionysos vivait encore ! Où prendrait-il ses repas ?

Non seulement Dieu n'existe pas, mais essayez
d'avoir un plombier pendant le week-end !

POUR EN FINIR AVEC LA BIOGRAPHIE

La biographie, genre littéraire estimable, consiste pour un écrivain à choisir un homme célèbre et à raconter sa vie avec plus ou moins de détails. Mais le champ d'action du biographe professionnel s'est considérablement rétréci au fil des siècles. En effet, à quoi bon écrire une sept cent quatorzième « vie de Jésus », une six cent vingt-neuvième « vie de Napoléon » une douze millième « vie de Benjamin Franklin » alors que tout a déjà été dit sur ces augustes personnages. (Je ne parle pas de l'empereur Auguste, ni du semeur Auguste, dont la Geste est demeurée classique.)

Mais alors, me dira-t-on, si tous les personnages célèbres ont déjà été utilisés par les biographes, de saint Antoine de Padoue à Alice Sapritch en passant par tous les généraux et chefs d'État imaginables, de qui raconter la vie ?

Cette question, Mr Allen se l'est très probablement posée. Avec l'infinie patience et l'esprit de méthode qui le caractérisent, il s'est livré à des recherches qui laissent pantois, et, après bien des années, il a fini par découvrir le seul personnage universellement connu qui n'eût point encore fait l'objet d'une étude biographique exhaustive.

Voici ce travail, qui met un point final à la biographie.

LA VIE D'UN SANDWICH

Je feuilletais un magazine, en attendant que Joseph K., mon basset, en ait terminé de sa consultation hebdomadaire avec son psychothérapeute de Park Avenue – un vétérinaire de l'école de Jung qui, pour cinquante dollars l'heure de cinquante minutes, essaie opiniâtrement de le convaincre que les bajoues ne sont pas un signe de régression sociale – quand je tombai sur un entrefilet en bas de page qui capta mon attention comme un roulement de tambour.

Il ne s'agissait pourtant que d'une de ces notules courantes dans les rubriques pseudo-culturelles du genre « Grains de Science » ou « Vous ne vous en doutiez pas » mais son évidence me frappa avec la puissance des accords d'ouverture de la Neuvième de Beethoven. « *Le sandwich*, lus-je, *fut inventé par le comte de Sandwich.* »

Bouleversé par cette nouvelle, je la relus et fus saisi d'un tremblement involontaire. Mon esprit se mit à tournoyer à l'évocation des immenses rêves, des espoirs et des obstacles qui avaient abouti à l'invention du premier sandwich. Les yeux humides, je contemplai par la fenêtre les tours éclatantes de la Cité, et j'éprouvai un sentiment d'éternité, m'émerveillant de l'indestructible prépondérance de l'homme dans l'univers.

Homme Inventeur ! Les carnets de croquis de Léonard de Vinci se dessinèrent devant moi – vaillantes ébauches des plus hautes aspirations de la race humaine. J'évoquai Aristote, Dante, Shakespeare. Le *Premier Folio. Newton*. Le *Messie* de Haendel. Monet. L'impressionnisme. Edison. Le cubisme. Stravinsky. $E = mc^2$...

Me cramponnant de toutes mes forces à une image mentale du premier sandwich exposé dans une vitrine du British Museum, je passai les trois mois suivants à travailler sur une brève biographie de son génial inventeur, Sa Seigneurie le Comte.

Bien que ma prise sur l'Histoire manque de force, et bien que mon aptitude soit davantage celle d'un romancier que celle d'un thuriféraire de la grandeur, j'espère avoir appréhendé au moins l'essentiel de cet inappréciable génie, et que ces notes éparses inspireront une étude exhaustive à un véritable historien.

1718 : Naissance du comte de Sandwich – de parents aristocrates. Son père est fier du poste de maréchal en chef de Sa Majesté le Roi, une position dont il se prévaudra pendant de nombreuses années, jusqu'à ce qu'il découvre qu'il n'est que maréchal-ferrant et démissionne avec amertume. Sa mère est une simple *Hausfrau* d'origine allemande, dont le menu ordinaire consiste essentiellement en lard au gruau, bien qu'elle puisse parfois faire preuve de quelque imagination culinaire en exécutant un sabayon passable.

1725-1735 : Il va à l'école, où on lui apprend l'équitation et le latin. À l'école, il entre en contact pour la première fois avec de la viande froide et manifeste un intérêt particulier envers des tranches fines de rosbif et de jambon. À l'époque de ses diplômes, ceci est devenu une obsession, et, bien que son mémoire, *De l'analyse et du phénomène subséquent de la collation*, éveille l'intérêt de l'Université, ses camarades de classe le prennent pour un original.

1736 : Il entre à l'université de Cambridge, sur ordre de ses parents, pour y poursuivre des études de rhétorique et de métaphysique, mais montre peu d'enthousiasme pour ces matières. En révolte constante contre tout académisme, il est accusé de voler des morceaux de pain et de se livrer sur eux à des expériences contre nature. Convaincu d'hérésie, il est expulsé.

1738 : Désavoué de tous, il s'exile en Scandinavie, où il passe trois ans en recherches intensives sur le fromage. Il éprouve d'énormes difficultés avec les nombreuses variétés de sardines qu'il rencontre et écrit dans son carnet : « Je suis convaincu qu'il existe une durable réalité, par-delà tout ce que l'homme a déjà atteint dans la juxtaposition des matériaux alimentaires. Simplifier, simplifier. » Dès son retour en Angleterre, il rencontre Nell Smallbore, la fille d'un maraîcher, et il l'épouse. C'est elle qui lui enseignera tout ce qui concerne la laitue.

1741 : Vivant à la campagne sur un petit héritage, il travaille jour et nuit, économisant souvent sur les repas pour acheter de la nourriture. Sa première œuvre achevée – une tranche de pain, une tranche de pain par-dessus, et une tranche de dinde couronnant le tout – échoue lamentablement. Amèrement désappointé, il retourne à son laboratoire et repart à zéro.

1745 : Après quatre années de labeur frénétique, il a la conviction de frôler le succès. Il présente à l'approbation de ses pairs deux tranches de dinde avec une tranche de pain au milieu. Son ouvrage est rejeté par tous, sauf David Hume, qui prévoit l'imminence de quelque chose de grandiose et l'encourage. Galvanisé par l'amitié du grand philosophe, il retourne à ses expériences avec une vigueur nouvelle.

1747 : Dans un total dénuement, il n'a plus les moyens de travailler sur le rosbif ou la dinde, et se rabat sur le jambon, qui coûte moins cher.

1750 : Au printemps, il expose et démontre trois tranches de jambon consécutives empilées l'une sur l'autre ; ceci éveille quelque intérêt, particulièrement dans les cercles intellectuels, mais le grand public demeure indifférent. Trois tranches de pain l'une sur l'autre ajoutent à sa réputation et, bien que son style de maturité ne soit pas encore évident, il est convoqué par Voltaire.

1751 : Voyage en France, où le philosophe-dramaturge vient d'obtenir quelques résultats intéressants avec du pain et de la mayonnaise. Les deux hommes deviennent amis et entament une longue correspondance qui s'achèvera brusquement, Voltaire étant à court de timbres.

1758 : L'approbation grandissante des cercles éclairés lui vaut une commande de la reine pour « préparer quelque chose de spécial » à l'occasion d'un goûter avec l'ambassadeur d'Espagne. Il travaille jour et nuit, déchirant des centaines d'esquisses, mais finalement – à quatre heures dix-sept du matin, le 27 avril 1758 – il crée un prototype consistant en plusieurs morceaux de jambon enfermés, au-dessus et en dessous, dans deux tranches de pain de mie. Dans un éclair d'inspiration, il garnit le tout de moutarde. Immédiatement, cela fait sensation, et il reçoit la commande de tous les goûters du samedi jusqu'à la fin de l'année.

1760 : Les succès succédant aux succès, il crée des « sandwiches » (ainsi les avait-on baptisés en son honneur) au rosbif, au poulet, à la langue de bœuf, et pratiquement à tous les ingrédients concevables. Non content de répéter des formules éprouvées, il ne cesse d'expérimenter de nouvelles idées et invente le sandwich panaché, pour lequel on le décore de l'Ordre de la Jarretière.

1769 : Vivant dans une propriété campagnarde, il reçoit la visite des plus grands esprits du siècle : Haydn, Kant, Rousseau et Benjamin Franklin séjournent chez lui, les uns appréciant ses remarquables créations à table, les autres en emportant pour la route.

1778 : Bien que vieilli physiquement, il s'évertue à découvrir de nouvelles formules et écrit dans son journal : « Je travaille longtemps dans les nuits glaciales, et maintenant je fais tout griller dans l'espoir que cela se gardera au chaud. » Cette même année, son sandwich au rosbif chaud déclenche un véritable scandale par sa sincérité.

1783 : Pour célébrer son soixante-cinquième anniversaire, il invente le hamburger, et se lance dans une tournée des grandes capitales du monde, exécutant des hamburgers dans les salles de concert, devant des audiences aussi nombreuses qu'attentives. En Allemagne, Gœthe lui suggère de les servir sur des pains briochés – une idée qui ravit le comte, au point qu'il dit de l'auteur de *Faust* : « Ce Gœthe, quel type ! » Cette remarque enchante Gœthe, qui néanmoins rompra avec lui l'année suivante à la suite d'une dissension sur les concepts de *bleu*, *à point* et *bien cuit*.

1790 : Lors d'une exposition rétrospective de ses œuvres à Londres, il est brutalement atteint d'angine de poitrine, et on le croit mourant, mais il se remet suffisamment pour superviser l'élaboration d'un monument en forme de sandwich géant par des disciples talentueux. Son inauguration en Italie provoque une révolution par son style avant-gardiste, et il demeure incompris de tous, sauf de quelques critiques.

1792 : Il est frappé d'un *genu valgum*[1], qu'il néglige de soigner à temps, et expire dans son sommeil. Il est inhumé à l'abbaye de Westminster, et des milliers de fidèles portent son deuil. À ses obsèques, le grand poète allemand Hölderlin fait la somme de son œuvre avec un respect non déguisé, en ces termes émouvants : « Il libéra l'humanité du déjeuner chaud. Nous lui devons beaucoup. »

---

1. Ostéoarthrite du genou (N.d.T.).

POUR EN FINIR AVEC INGMAR BERGMAN

La cinéphilie est une maladie galopante dont la découverte est assez récente. Il est en effet curieux de constater, si l'on survole rapidement l'histoire des civilisations, qu'on ne trouve trace de cinéphilie ni chez les Perses, ni chez les Scythes, pas plus que chez les Gaulois ou les Romains. Plus proche de nous, l'époque de la Renaissance est vierge de tout symptôme cinéphilique, de même que les XVe, XVIe, XVIIe et XVIIIe siècles.

C'est à n'y rien comprendre. On dirait que le premier cas de cinéphilie remonte à l'invention du cinématographe. Enfin, passons.

Cette effroyable maladie s'attaque principalement au public dit intellectuel. Elle consiste à carrer son derrière dans une salle obscure pendant deux ou trois heures, puis ensuite à discuter pendant des mois de ce qu'on y a vu. Il y a plusieurs formes de cinéphilie. La cinéphilie exotique ou japonaise (forme bénigne) la cinéphilie godardienne (ou infectieuse) et enfin la cinéphilie bergmanienne ou scandinave (généralement mortelle) ainsi nommée parce qu'elle est provoquée par un virus particulièrement insidieux, Ingmar Bergman. Si vous pouvez prononcer ce nom correctement, vous êtes déjà atteint. Alors, lisez vite ce qui suit, et vous serez guéri à jamais, grâce à Mr Allen.

LE HUITIÈME SCEAU

(Le drame se déroule dans la chambre à coucher de la maison résidentielle qu'occupe Nat Ackerman, quelque part à Kew Gardens. La moquette va d'un mur à l'autre. Il y a un grand lit à deux places et une superbe coiffeuse. La pièce est soigneusement meublée et décorée ; aux murs sont accrochés plusieurs tableaux, ainsi qu'un baromètre d'un goût douteux. Ambiance de musique douce quand le rideau se lève. Nat Ackerman, un grossiste en confection juif de cinquante-sept ans, chauve et bedonnant, est vautré sur le lit, achevant la lecture du *Daily News*. Il porte un peignoir de bain, des pantoufles, et lit sous une veilleuse accrochée au dosseret blanc du lit. Il n'est pas loin de minuit. Nous entendons un bruit soudain ; Nat se dresse sur son séant et regarde vers la fenêtre.)

NAT. – Qu'est-ce que c'est que ça ?

Surgissant maladroitement par la fenêtre, voici un personnage d'aspect sinistre. L'intrus porte un capuchon noir et un vêtement collant. Le capuchon couvre sa tête, mais pas son visage, lequel est celui d'un homme entre deux âges totalement blafard. Il a un vague air de famille avec Nat. Il halète de façon audible, puis franchit l'appui de la fenêtre et dégringole dans la pièce.

LA MORT (*car c'est elle*). – Nom de Dieu, j'ai failli me casser la gueule.

NAT (*l'observant avec ahurissement*). – Qui êtes-vous ?

LA MORT. – La Mort.

NAT. – Qui ?

LA MORT. – La Mort. Écoutez, est-ce que je peux m'asseoir ? J'ai failli me casser la figure. J'en tremble comme une feuille.

NAT. – Qui êtes-vous ?

LA MORT. – *La Mort.* Vous n'auriez pas un verre d'eau ?

NAT. – La Mort ? Qu'est-ce que vous voulez dire ? La Mort ?

LA MORT. – Vous êtes miraud ou quoi ? Vous voyez le costume noir et le visage blafard ?

NAT. – Ouais.

LA MORT. – Est-ce que nous sommes en Carnaval ?

NAT. – Non.

LA MORT. – Alors, je suis la Mort. Maintenant, puis-je avoir un verre d'eau – ou un Coca ?

NAT. – Si c'est une blague…

LA MORT. – Quelle sorte de blague ? Vous avez cinquante-sept ans ? Nat Ackerman ? 118, Pacific

Street ? À moins que je me sois trompée ? Où est ce bon de commande ? (*Il fouille dans une poche et en tire finalement un bout de papier sur lequel est écrite une adresse. Cela semble conforme.*)

NAT. – Que voulez-vous de moi ?

LA MORT. – Qu'est-ce que je veux ? Que pensez-vous que je veuille ?

NAT. – Vous voulez sûrement rigoler. Je suis en parfaite santé.

LA MORT (*pas impressionné*). – Bien sûr. (*Regardant autour de lui.*) C'est gentil chez vous. Vous l'avez arrangé vous-même ?

NAT. – Nous avons pris une décoratrice, mais nous l'avons supervisée.

LA MORT (*regardant les tableaux sur le mur*). – J'aime bien ces petits enfants avec de grands yeux.

NAT. – Je ne veux pas mourir maintenant.

LA MORT. – Vous ne voulez pas mourir ? Ah, je vous en prie, ne commencez pas ! J'ai déjà eu assez de mal à monter.

NAT. – Comment ça ?

LA MORT. – J'ai escaladé la gouttière. J'avais l'intention de faire une entrée dramatique. Je vois ces grandes fenêtres. Vous êtes éveillé, en train de lire. Je m'imagine que j'en ai pour une seconde, que je vais grimper et vous apparaître comme ça, quoi ! (*Il claque des doigts.*) Naturellement mon talon se coince dans la vigne vierge, la gouttière se déglingue, et je me retrouve suspendu à un fil. Là-dessus, mon capuchon se déchire… Ça suffit comme ça, venez gentiment, j'ai eu une soirée difficile.

NAT. – Vous avez cassé ma gouttière ?

LA MORT. – Cassé, cassé, elle n'est pas cassée, juste un peu tordue. Vous n'avez rien entendu ? J'ai fait assez de potin en tombant !

NAT. – Je lisais.

LA MORT. – Ça devait être drôlement passionnant. (*Soulevant le journal que Nat lisait*) « Des collégiennes pincées dans une orgie de droguées. » Vous me le prêtez ?

NAT. – Je ne l'ai pas fini.

LA MORT. – Euh, je ne sais pas trop comment vous le faire comprende, mon pote, mais…

NAT. – Pourquoi n'avez-vous pas tout bonnement sonné à la porte ?

LA MORT. – Je me tue à vous l'expliquer, j'aurais pu, mais de quoi ça aurait eu l'air ? Je préfère entretenir une ambiance dramatique. Quelque chose, quoi ! Vous avez lu *Faust* ?

NAT. – Quoi ?

LA MORT. – Et qu'est-ce qui se serait passé si vous aviez eu du monde ? Vous êtes assis ici avec des personnalités importantes. Je suis la Mort. Vous voudriez que je sonne à la porte et que j'attende qu'on m'ouvre en battant la semelle ? Ça ne va pas, la tête !

NAT. – Écoutez, mon vieux, il est très tard.

LA MORT. – Justement, dépêchons-nous. Vous venez ?

NAT. – Que je vienne où ?

LA MORT. – La Mort. Ça. La Chose. Le Néant. Les Champs Élysées. (*Examinant son genou.*) Je me suis drôlement esquinté. Ma première mission. Maintenant, je suis fichu d'attraper la gangrène.

NAT. – Vous allez attendre une minute. J'ai besoin de temps. Je ne suis pas prêt à m'en aller.

LA MORT. – Désolé, je ne peux pas vous aider. J'aurais aimé, mais quand c'est l'heure, c'est l'heure.

NAT. – Ça ne peut pas être mon heure, je viens juste de m'associer avec Original-Prêt-à-Porter.

LA MORT. – Quelques billets de plus ou de moins, quelle différence ça fait ?

NAT. – Évidemment, vous vous en foutez ! Les types comme vous ont probablement toutes leurs dépenses payées !

LA MORT. – Vous voulez bien venir, maintenant ?

NAT (*l'étudiant attentivement*). – Désolé, mais je n'arrive pas à croire que vous êtes la Mort.

LA MORT. – Pourquoi ? Qui vous attendiez-vous à voir ? Rock Hudson ?

NAT. – Non, ce n'est pas ça.

LA MORT. – Je suis navré de vous décevoir.

NAT. – Ne le prenez pas en mauvaise part. Je ne sais pas, j'avais toujours pensé que vous seriez… euh… plus grand.

LA MORT. – Je fais cinq pieds sept pouces, c'est la bonne taille pour mon poids.

NAT. – Vous me ressemblez un peu.

LA MORT. – À qui devrais-je ressembler ? Après tout, je suis *votre* mort.

NAT. – Laissez-moi un peu de temps. Encore un jour ou deux.

LA MORT. – Je ne peux pas. Qu'est-ce que vous voulez que je vous dise, moi, je ne peux pas !

NAT. – Rien qu'une journée. Vingt-quatre heures !

LA MORT. – À quoi ça vous servira ? La radio annonce de la pluie pour demain.

NAT. – On ne pourrait pas trouver une combine ?

LA MORT. – Dans quel genre ?

NAT. – Vous jouez aux échecs ?

LA MORT. – Non.

NAT. – Je vous ai vu une fois dans un film suédois, vous jouiez aux échecs.

LA MORT. – Ça ne pouvait pas être moi, parce que je ne sais pas jouer aux échecs. À part le gin-rummy…

NAT. – Vous jouez au gin-rummy ?

LA MORT. – Si je joue au gin-rummy ? Autant me demander si Paris est une ville !

NAT. – Vous êtes fort au gin, hein ?

LA MORT. – Très fort.

NAT. – Je vais vous dire ce qu'on va faire…

LA MORT. – Vous ne ferez aucune affaire avec moi.

NAT. – On va faire une partie de gin. Si vous gagnez, je vous suis immédiatement. Si je gagne, vous m'accordez un délai. Un tout petit : juste une journée.

LA MORT. – Nous n'avons pas le temps de jouer au gin-rummy !

NAT. – Allez, puisque vous êtes tellement fort…

LA MORT. – À la réflexion, je ne dis pas qu'une petite partie…

NAT. – Allez, ne vous dégonflez pas. On joue juste une petite demi-heure !

LA MORT. – Ce n'est pas raisonnable. Je ne devrais pas…

NAT. – J'ai justement des cartes ici. Faites pas tant de manières !

LA MORT. – Eh bien, d'accord, allons-y. Une petite partie, ça me détendra les nerfs.

NAT (*préparant les cartes, le carnet et le crayon*). – Vous n'aurez pas à le regretter.

LA MORT. – Pas la peine de faire l'article, amenez les cartes et donnez-moi un Coca. Et sortez des amuse-gueules ! Bon Dieu, un étranger arrive et vous n'avez même pas de chips ni de bretzels ?

NAT. – Il y a des petits-beurre en bas, dans une assiette.

LA MORT. – Des petits-beurre ! Et si le président arrivait ? Vous lui offririez des petits-beurre ?

NAT. – Vous n'êtes pas le président.

LA MORT. – Oh, ça va ! Distribuez !

(Nat distribue et retourne un cinq de pique.)

NAT. – On joue à un dixième de cent le point, histoire d'intéresser un peu la partie ?

LA MORT. – Parce que vous ne la trouvez pas suffisamment intéressante ?

NAT. – Je joue mieux quand il y a un peu d'argent à la clé.

LA MORT. – Comme vous voudrez, Newt.

NAT. – Nat, pas Newt. Nat Ackerman. Vous ne connaissez pas mon nom ?

LA MORT. – Newt, Nat… J'ai une telle migraine !

NAT. – Vous prenez ce cinq ?

LA MORT. – Non.

NAT. – Alors, tirez une carte.

LA MORT (*examinant son jeu*). – Bon Dieu, je n'ai rien du tout !

NAT. – À quoi ça ressemble ?

LA MORT. – À quoi ressemble quoi ?

(*Pendant ce qui suit, ils tirent et se défaussent.*)

NAT. – La mort.

LA MORT. – À quoi ça devrait ressembler ? Vous gisez là.

NAT. – Est-ce qu'il y a quelque chose après ?

LA MORT. – Ah, ah ! Vous faites les deux.

NAT. – Je vous demande s'il y a quelque chose après ?

LA MORT (*distraitement*). – Vous verrez bien.

NAT. – Ah ! Alors, ça veut dire qu'il y a quelque chose à voir ?

LA MORT. – Eh bien, je n'aurais pas dû garder cette combinaison. Jetez.

NAT. – Ce n'est pas de la tarte, pour obtenir une réponse de vous !

LA MORT. – Quand je joue, je joue.

NAT. – D'accord, eh bien, jouez, jouez !

LA MORT. – Pendant ce temps, je vous envoie une carte après l'autre.

NAT. – Ne regardez pas le talon !

LA MORT. – Je ne regarde pas. Je le range proprement. Quelle était la carte de descente ?

NAT. – Quatre de cœur. Vous êtes déjà prêt à descendre ?

LA MORT. – Qui a dit ça ? Tout ce que j'ai demandé, c'est à combien on pouvait descendre.

NAT. – Et tout ce que j'ai demandé, c'est s'il y avait quelque chose après ?

LA MORT. – Jouez.

NAT. – Vous ne pouvez rien me dire ? Où allons-nous ?

LA MORT. – *Nous ?* Pour vous parler franche-ment, vous allez vous escagasser sur le sol comme une vieille loque.

NAT. – Oh, je ne veux pas voir ça ! Ce sera douloureux ?

LA MORT. – Ça ne prendra qu'une seconde.

NAT. – C'est horrible. (*Il soupire.*) J'avais bien besoin de ça ! Un homme travaille toute sa vie, il réussit à s'associer avec Original-Prêt-à-Porter…

LA MORT. – À quatre, c'est bon ?

NAT. – Vous descendez ?

LA MORT. – Oui, à quatre.

NAT. – Pas de veine, j'ai deux.

LA MORT. – Vous blaguez !

NAT. – Non, j'ai gagné.

LA MORT. – Sacré nom de… J'étais sûr que vous faisiez les six !

NAT. – Non. À vous la donne. Vingt-sept points et une cocotte. Envoyer les cartes. (*La Mort donne les cartes.*) Je dois m'écrouler par terre, hein ? Je ne pourrais pas me mettre sur le divan quand ça se passera ?

LA MORT. – Non. Jouez.

NAT. – Pourquoi non ?

LA MORT. – Parce que vous tomberez sur le sol, comme tout le monde ! Fichez-moi la paix, j'essaie de me concentrer.

NAT. – Pourquoi absolument par terre ? C'est tout ce que je dis ! Pourquoi ce truc-là ne pourrait pas se produire pendant que je suis debout à côté du divan ?

LA MORT. – Je ferai mon possible. Bon, maintenant, on peut jouer ?

NAT. – Je vais vous dire. Vous me faites penser à
Moe Lefkowitz. Aussi têtu que lui.

LA MORT. – Je lui fais penser à Moe Lefkowitz !
Je suis l'un des êtres les plus terrifiants qu'on puisse
imaginer, et je rappelle à monsieur le nommé Moe
Lefkowitz ! Qui est-ce ? Un fourreur en chambre ?

NAT. – Je vous souhaite d'être un fourreur
comme lui. Il se fait quatre-vingt mille dollars par
an. Dans les passementeries. Il a sa propre usine.
Deux.

LA MORT. – Quoi ?

NAT. – Deux points. Je descends. Qu'est-ce que
vous avez ?

LA MORT. – Plein la pogne. On dirait un score de
base-ball !

NAT. – Et ça compte double.

LA MORT. – Si vous ne parliez pas tout le temps !

(*Ils redonnent et jouent.*)

NAT. – Tout à l'heure, vous avez dit que c'était
votre première mission, n'est-ce pas ?

LA MORT. – Ça dit bien ce que ça veut dire.

NAT. – Ça veut dire que jamais personne n'est
mort avant ?

LA MORT. – Bien sûr que si, mais ce n'est pas
moi qui les ai emmenés.

NAT. – Qui, alors ?

LA MORT. – Les autres.

NAT. – Il y a d'autres Morts ?

La Mort. – Évidemment. Tout le monde a sa propre façon de mourir.

Nat. – C'est la première fois que j'entends dire une chose pareille !

La Mort. – Vous n'êtes pas obligé de tout savoir ! Qu'est-ce que vous vous croyez, à la fin ?

Nat. – Qu'est-ce que ça veut dire, qu'est-ce que je me crois ? Pourquoi ? D'après vous, je ne suis rien ?

La Mort. – Pas rien. Vous êtes un fabricant de fringues. Comment auriez-vous eu connaissance des mystères éternels ?

Nat. – Vous ne savez pas à qui vous parlez ! Je ramasse plein de fric. J'ai envoyé mes deux gosses au collège. Le premier est dans la publicité, l'autre est marié. J'ai une maison à moi. Je roule en Chrysler. Ma femme a tout ce qu'elle veut, des domestiques, un manteau de vison, des vacances ! En ce moment même, elle est à Saint-Tropez. Cinquante dollars par jour, parce qu'elle tient à être auprès de sa sœur. Je devais aller la rejoindre la semaine prochaine, alors qui croyez-vous que je sois ? Un traîne-savate quelconque ?

La Mort. – Ça va, ne soyez pas si susceptible !

Nat. – Qui est susceptible ici ?

La Mort. – J'aurais pu râler aussi, moi, quand vous m'avez insulté.

Nat. – Je vous ai insulté ?

La Mort. – Vous m'avez dit que je vous décevais.

Nat. – Si vous jouez mal, ce n'est pas ma faute.

La Mort. – Il n'est pas question de ça. Je vous déçois physiquement. Je suis trop petit, je suis comme ci, je suis comme ça…

NAT. – J'ai dit que vous me ressembliez. Comme une sorte de reflet dans un miroir.

LA MORT. – D'accord, distribuez, distribuez !

(*Ils continuent de jouer. La musique revient insensiblement. Les lumières diminuent jusqu'à l'obscurité totale. Puis les lumières reviennent doucement. Du temps a passé, et la partie est terminée. Nat est en train de faire les comptes.*)

NAT. – Soixante-huit... Cent cinquante... Eh bien, vous avez perdu.

LA MORT (*regardant la marque avec abattement*). – Je n'aurais jamais dû vous envoyer ce neuf. Malédiction !

NAT. – Eh bien, je vous reverrai demain.

LA MORT. – Que voulez-vous dire ?

NAT. – J'ai gagné un jour de délai. Laissez-moi seul.

LA MORT. – Vous étiez sérieux ?

NAT. – Un marché est un marché.

LA MORT. – Oui, mais...

NAT. – Il n'y a pas de « mais ». J'ai gagné vingt-quatre heures. Revenez demain.

LA MORT. – Ce n'est pas du tout ce que j'avais compris !

NAT. – C'est très regrettable, mais vous auriez dû faire attention.

LA MORT. – Et où est-ce que je vais aller pendant vingt-quatre heures, moi ?

NAT. – Je m'en bats l'œil. L'essentiel est que j'ai gagné une journée !

224

La Mort. – Mais qu'est-ce que vous voulez que je fasse ? Que je marche dans les rues ?

Nat. – Prenez une chambre à l'hôtel, allez au cinéma. Payez-vous un *schvitz*[1]. Vous n'allez pas en faire une affaire d'État !

La Mort. – Vous vous êtes peut-être trompé dans les comptes ?

Nat. – J'oubliais. En plus, vous me devez vingt-huit dollars.

La Mort. – *Quoi ?*

Nat. – C'est juste, Toto. Voilà les marques, vous pouvez vérifier.

La Mort (*fouillant désespérément ses poches*). – Je n'ai qu'un peu de monnaie, pas vingt-huit dollars !

Nat. – J'accepte les chèques.

La Mort. – Un chèque ? Sur quel compte ?

Nat. – Ah ! si je n'avais que des clients comme vous !

La Mort. – Portez plainte et vous aurez l'air fin ! Qu'est-ce que je pourrais bien faire d'un carnet de chèques ?

Nat. – Ça va, donnez-moi ce que vous avez et on passe l'éponge.

La Mort. – Écoutez, j'ai besoin de cet argent.

Nat. – La Mort, besoin d'argent ? Racontez ça à quelqu'un d'autre.

La Mort. – Inutile d'ironiser, vous allez partir dans l'Au-delà !

Nat. – Et alors ?

---

1. *Schvitz :* bain de vapeur, en yiddish (N.d.T.).

LA MORT. – Et alors, vous savez que c'est très loin ?

NAT. – Et alors ?

LA MORT. – Il faut bien prendre de l'essence, et régler les péages !

NAT. – Parce qu'on part en voiture !

LA MORT. – Vous aurez la surprise. (*Nerveusement.*) Dites, je reviendrai demain et vous me donnerez une chance de récupérer mon fric, hein ? Sinon, je vais avoir de gros problèmes.

NAT. – Tout ce que vous voudrez. Nous jouerons à quitte ou double. Je me sens capable de gagner une semaine supplémentaire, ou peut-être un mois… Peut-être un an, de la façon dont vous jouez !

LA MORT. – Pendant ce temps, moi, je suis sans un rond !

NAT. – À demain !

LA MORT (*poussé vers la porte*). – Indiquez-moi un bon hôtel… Pourquoi je parle d'hôtel ? Je n'ai pas d'argent. Je vais aller m'asseoir dans la salle d'attente de la gare routière. (*Il ramasse le* News.)

NAT. – Dehors, et lâchez mon journal. (*Il le lui reprend.*)

LA MORT (*prenant congé*). – Et dire que je pouvais l'emmener sans histoires ! Pourquoi me suis-je laissé embarquer dans cette partie de cartes ?

NAT (*criant dans le couloir*). – Et faites gaffe en descendant, le tapis est défait sur une des marches !

> (*Alors, en apothéose, nous entendons un vacarme épouvantable de dégringolade. Nat soupire, puis s'approche de la table de nuit et compose un numéro de téléphone.*)

NAT. – Allô, Moshe ? Ici Nathan. Dis donc, j'ignore si quelqu'un m'a fait une blague ou quoi, mais la Mort sort d'ici. On a fait un petit gin… Non, la *Mort*. En personne !… Ou un *goy* qui prétend être la Mort. En tout cas, si tu le vois, ne t'inquiète pas. Moe. C'est un *schlep*[1]… le roi des pigeons !

RIDEAU

---

1. *Schlep :* pauvre type (N.d.T.).

POUR EN FINIR UNE BONNE FOIS
POUR TOUTES AVEC LA CULTURE

« *Si vous savez écrire, vous pouvez dessiner.* »

« *Mon seul regret est de n'avoir pas connu plus tôt l'École Pluriverselle.* »

« *Une bonne orthographe est la clé du succès.* »

« *Devenez un brillant causeur en société.* »

Lequel d'entre nous n'a pas été alléché par ces invitations à parfaire notre culture par correspondance ? Mais, outre que l'enseignement dispensé par ces Écoles est généralement onéreux, il demeure très incomplet culturellement parlant, et ne concerne chaque fois qu'une seule et unique branche du Savoir Humain.

Mr Allen, après tant d'autres, s'est penché sur ce problème. Et son génie encyclopédique lui a permis de trouver, comme toujours, une solution aussi radicale que définitive au problème de la Culture.

Merci, Mr Allen. Notre seul regret est de ne pas vous avoir connu plus tôt.

LE RECYCLAGE DES ADULTES

La quantité de prospectus pour diverses écoles et d'invitations à des cours par correspondance pour adultes qui remplissent quotidiennement ma boîte à lettres me donne à penser que je dois figurer sur une liste spéciale de débiles mentaux. Non que je m'en plaigne : il y a dans une nomenclature de cours de perfectionnement quelque chose qui pique ma curiosité, avec une fascination que je n'avais jusqu'ici réservée qu'à un catalogue d'accessoires pour lune de miel, reçu de Hong Kong par erreur voici quelque temps.

Chaque fois que je parcours le dernier bulletin d'écoles de perfectionnement, je tire immédiatement des plans pour tout laisser tomber et retourner à mes études. (Il y a bien des années, j'ai été éjecté du collège, à la suite d'accusations aussi diffamatoires que mensongères.) Bien entendu, il manque toujours quelque chose à mon éducation, et j'ai l'impression d'être un adulte incomplet, ce qui a développé en moi l'ambition de rédiger un programme de recyclage imaginaire, soigneusement ronéotypé, qui condenserait plus ou moins tous les bulletins existants :

Cours de théorie économique : Application systématique et évaluation critique des concepts analytiques de base de la théorie économique, avec une digression sur l'argent et son utilité.

Fonction de la production à coefficient fixe, courbes des coûts et des budgets, ceci occupant le premier trimestre, le second trimestre se concentrant sur la manière de dépenser, faire de la monnaie et bien ranger l'intérieur de son portefeuille.
Le Système de Réserve fédérale est analysé à fond, et les élèves les plus doués sont entraînés à la meilleure méthode de remplir un formulaire de dépôt bancaire.
Les autres disciplines comprennent : Inflation et Dépression : comment s'habiller pour chaque éventualité. Prêts, intérêts, comment faire faillite.

Histoire de la Civilisation européenne : Depuis la découverte d'un coelacanthe fossilisé dans les lavabos pour hommes de la cafeteria *Siddon*, à East Rutherford, New Jersey, les savants supposent qu'à une lointaine époque l'Europe et l'Amérique étaient reliées par une bande de terre qui devait plus tard s'enfoncer, ou devenir East Rutherford, New Jersey, ou peut-être les deux. Ceci jette des aperçus nouveaux sur la formation de la civilisation européenne, et permet aux histo-

232

riens de se demander pourquoi elle apparut dans un territoire qui aurait fait une bien meilleure Asie.

Dans ce cours, on étudie également la décision de maintenir la Renaissance en Italie.

Introduction à la psychologie : La théorie du comportement humain. Pourquoi on qualifie certains individus de « séduisants bipèdes » alors que d'autres nous font venir de petits boutons.

Existe-t-il une séparation entre le corps et l'esprit, et si oui, lequel est-il préférable d'avoir ?
On discute de l'agression et de la contestation. (Les élèves plus particulièrement intéressés par ces aspects de la psychologie auront intérêt à s'inscrire à l'un des cours du trimestre d'hiver : Introduction à l'hostilité ; Hostilité intermédiaire ; Aversion développée ; Théorie fondamentale du Dégoût.)
Une attention toute spéciale est consacrée à l'étude du Conscient opposé à l'Inconscient, avec de nombreux conseils utiles pour rester conscient.

Psychopathologie : Rudiments des obsessions et phobies les plus répandues, comprenant la peur d'être capturé à l'improviste et farci de purée de crabe, la répugnance à renvoyer une balle de volley, et l'incapacité de prononcer le mot « mackinaw »[1] en présence des dames.

---

1. Couverture épaisse utilisée dans le Grand Nord (N.d.T.).

L'impulsion qui consiste à rechercher la compagnie des castors est également analysée dans ce cours.

Philosophie 1 : Étude complète de tous les auteurs, de Platon à Camus. Les disciplines suivantes sont au programme :

Éthique : L'impératif catégorique, et les six façons de s'en servir efficacement.

Esthétique : L'art est-il le miroir de la vie ? Sinon quoi ?

Métaphysique : Qu'arrive-t-il à l'âme après la mort ? Comment réussit-elle à joindre les deux bouts ?

Épistémologie : La connaissance est-elle connaissable ? Sinon, comment la connaissons-nous ?

L'Absurdité : Pourquoi l'existence est-elle fréquemment considérée comme absurde, particulièrement par les hommes qui portent des chaussures bicolores ? Pluralité et individualité sont étudiées dans leurs rapports avec l'inanité. (Les élèves qui auront terminé l'individualité passeront dans la secondarité.)

Philosophie XXIX-B : Présentation de Dieu. Confrontation avec le Créateur de l'Univers par le truchement de leçons informatives et d'excursions dans les champs.

Les Mathématiques Nouvelles : Les mathématiques traditionnelles sont tombées en désuétude à la suite de la découverte récente que pendant des siècles nous avons écrit le chiffre cinq à l'envers. Ceci a conduit à une révision de l'idée selon laquelle compter était une méthode pour aller de un à dix.

On enseigne aux élèves les concepts les plus avancés de l'algèbre et toutes les équations précédemment insolubles sont écartées par des menaces de représailles.

Astronomie Fondamentale : L'univers, Étude détaillée. Comment l'entretenir. Comment le nettoyer.

Le soleil, qui est constitué d'une masse de gaz, peut exploser d'un instant à l'autre, envoyant la totalité de notre système planétaire se caramboler jusqu'à destruction complète ; on enseigne aux élèves tout ce que le citoyen moyen doit faire en pareil cas.
L'élève apprend également à identifier les diverses constellations, telles que La Grande Plongeuse, Cygnus le Canard, Sagittarius l'Archer et les douze étoiles qui forment Lumides le Marchand de Pantalons.

Biologie Moderne : Comment fonctionne le corps humain, et où l'on peut généralement le trouver.

Le sang est analysé, et l'élève apprend pourquoi c'est la meilleure chose que l'on puisse laisser courir dans ses veines.

Une grenouille est disséquée par les élèves, et la durée de sa digestion est comparée à celle de l'homme. La grenouille sera consommée sans ail, ce qui fausserait l'expérience.

Lecture Rapide : Ce cours augmentera chaque jour la rapidité de lecture jusqu'à la fin du trimestre. À ce stade, l'élève devra être capable de lire *Les Frères Karamazov* en quinze minutes.

La méthode consiste à éplucher chaque page, et à tout éliminer de son champ visuel sauf les pronoms. Bientôt, les pronoms sont éliminés à leur tour. Graduellement, l'élève est amené à faire un somme. Une grenouille est disséquée. Le printemps arrive. Les gens se marient et meurent. Biquette ne veut pas sortir du chou.

Musicologie III : On apprend à l'élève à jouer *Au clair de la lune* sur le pipeau, puis on progresse rapidement jusqu'aux Concertos Brandebourgeois. Ensuite, on en revient graduellement à *Au clair de la lune*.

Culture Musicale : Afin de savoir « écouter » correctement une grande œuvre musicale, il faut (a) connaître le pays natal du compositeur, (b) être capable de distinguer un rondo d'un scherzo et de le replacer dans l'action.

L'attitude est importante. Le sourire est déplacé, à moins que le compositeur n'ait eu l'intention d'écrire une musique amusante, comme dans *Till Eulenspiegel*, qui abonde en plaisanteries musicales (c'est le trombone qui ramasse les meilleurs effets comiques).

L'oreille aussi doit subir un entraînement sévère, car c'est notre organe le plus facile à tromper. La plupart des gens n'ont pas d'oreille ; à la façon dont ils installent leurs haut-parleurs stéréo, on pourrait croire qu'ils ont un nez à la place.

Les autres disciplines comprennent : Le dièse considéré comme une politique. Quel moine tient la batterie dans le chant grégorien.

Écrire pour le Théâtre : Tout drame est un conflit. Le développement des personnages est aussi très important. Ce qu'ils doivent se dire.

Les élèves apprennent que les longues tirades ennuyeuses sont généralement moins efficaces que les répliques courtes et rigolotes.

On étudie la psychologie simplifiée du public : pourquoi une pièce basée sur un charmant vieillard qui s'appelle Papy est-elle fréquemment moins intéressante au théâtre que le fait de se concentrer sur la nuque du spectateur assis devant soi, en essayant de le faire se retourner ?

D'intéressants aspects de l'histoire du théâtre sont également passés en revue. Par exemple, avant l'invention de l'italique, on prenait souvent les indications de mise en scène pour du dialogue, et l'on entendait fréquemment de grands acteurs déclamer : « John se lève et sort côté cour. » Ce qui, naturellement, suscitait quelque confusion et de mauvaises critiques. Ce phénomène est analysé en détail, afin d'éviter aux élèves toute erreur de ce genre.

Livre conseillé : *La Vérité sur Shakespeare : ses œuvres ont été écrites par quatre femmes.*

Introduction aux Sciences Sociales : Ce cours est destiné à instruire l'assistant(e) social(e) qui désire aller travailler « sur le tas ». Les disciplines enseignées comprennent : comment transformer les gangs d'adolescents en équipes de football, et vice versa.

Les terrains de jeux considérés comme un moyen de prévenir la délinquance juvénile, et comment convaincre des assassins potentiels de s'amuser plutôt au toboggan.

La discrimination raciale. Comment reconnaître un Noir.

La famille désunie.

Que faire quand on est frappé par une chaîne de vélo.

Études poétiques : La poésie de Robert Browning est étudiée en fonction de son intensité balistique. (Ce cours n'est ouvert qu'à un nombre restreint d'élèves.)

POUR EN FINIR
AVEC LA TRADITION JUDAÏQUE

La Torah est un ouvrage qui fait autorité pour les Juifs orthodoxes. Il y a intérêt, d'ailleurs, car c'est la Loi. La Torah est formée par la réunion des cinq premiers livres de l'Ancien Testament : Genèse, Exode, Lévitique, Nombres et Deutéronome, ceci pour dire que c'est du sérieux.

La Tradition des Juifs orthodoxes affirme que le Monde sera anéanti avant qu'une seule lettre de la Torah soit modifiée. C'est pourquoi, dans le but d'éviter toute erreur de copie, les livres sacrés – qui se présentaient alors sous forme de rouleaux – devaient être recopiés scrupuleusement, en se conformant aux innombrables règles prévues à cet effet dans le Talmud.

Les Hassidéens dont il est question dans le texte qui suit, sont une secte juive fondée en Pologne au XVIIIe siècle par Israel Ben Eliezer. L'origine du nom « Hassidéen » vient de « hassidim » qui signifie : les pieux. Le fait d'avoir de la piété n'empêche pas parfois le doute quant aux interprétations strictes de la Torah. Mr Allen, dans le but d'éclairer ses *semblables, nous livre ici le fruit de ses travaux sous la forme de plaisantes moralités. Instruire en amusant, telle est sa devise, dont nous ne saurions trop le féliciter.*

LÉGENDES HASSIDÉENNES

(*Suivies de leur interprétation
par un spécialiste distingué*)

Un homme se rendit à Chelm dans le but de
demander conseil au rabbi Ben Kaddish, le plus
sage de tous les rabbis du XIXᵉ siècle, et probablement le plus grand *noodge*[1] de l'époque médiévale.

– Rabbi, demanda l'homme, où puis-je trouver la
paix ?

L'Hassidéen l'examina et dit :

– Regarde vite derrière toi !

L'homme se retourna, et rabbi Ben Kaddish le
cogna sur le derrière de la tête avec un chandelier.

– Est-ce suffisamment paisible pour toi ? ricana-
t-il en rajustant sa *yarmulke*[2].

Dans cette parabole, il est posé une question
dénuée de sens. Non seulement la question n'a

---

1. Casse-pieds (N.d.T.).
2. Calotte (N.d.T.).

aucun sens, mais l'homme qui voyage jusqu'à Chelm pour la poser n'en a pas davantage. Tout d'abord, parce qu'il habitait extrêmement loin de là ; et pourquoi n'a-t-il pas pu rester là où il était ?

Pourquoi vient-il embêter rabbi Ben Kaddish ? Le rabbi a suffisamment d'ennuis comme ça.

Pour dire vrai, le rabbi en a par-dessus la tête des rigolos et, en plus, il vient d'être attaqué en reconnaissance de paternité par une certaine Mrs Hecht.

Non, le principal de cette histoire est que cet homme n'a rien de mieux à faire de son temps que de se balader par-ci par-là et taper sur les nerfs de tout le monde.

C'est la raison pour laquelle le rabbi lui bossèle le crâne, ce qui, d'après la Torah, est l'un des moyens les plus subtils de montrer son mécontentement.

Dans une version différente de cette légende, le rabbi saute à pieds joints sur la tête de l'homme, puis lui grave l'histoire de Ruth sur le nez avec une pointe en fer.

*

Rabbi Raditz de Pologne était un très petit rabbi pourvu d'une longue barbe, qui avait la réputation d'avoir inspiré de nombreux pogroms par son sens de l'humour.

Un de ses disciples lui demanda :

– De Moïse ou d'Abraham, lequel était le préféré de Dieu ?

– Abraham, dit le Saducéen [1].

---

1. Secte juive opposée aux Pharisiens (N.d.T.).

– Pourtant, ce fut Moïse qui mena les Israélites jusqu'à la Terre Promise, rétorqua le disciple.

– D'accord, alors Moïse, répondit le Saducéen.

– Je comprends, Rabbi. Ma question était stupide.

– Pas seulement ça, mais *tu* es stupide, ta femme est une *meeskeit*[1] et si tu continues à me marcher sur le pied, je t'excommunie !

Ici, il est demandé au rabbi d'établir un jugement de valeur entre Moïse et Abraham. Ce qui, on l'avouera, n'est pas chose facile, particulièrement pour un homme qui n'a jamais lu la Bible mais prétend la connaître.

Et que signifie au juste le terme désespérément subjectif « préféré » ? Ce que le rabbi préfère n'est pas nécessairement ce que préfère son disciple. Par exemple, le rabbi aime dormir sur le ventre. Le disciple aussi aime dormir sur le ventre du Rabbi.

Le problème ici est évident. Il faut également remarquer que marcher sur le pied d'un rabbi comme le fait le disciple dans cette légende est un péché, si l'on en croit la Torah, comparable à celui qui consiste à enfoncer son pouce dans un *matzo*[2] sans avoir l'intention de l'acheter.

*

Un homme qui ne parvenait pas à marier sa fille très laide rendit visite au rabbi Shimmel de Cracovie.

---

1. Horreur (N.d.T.).
2. Petit pain azyme (N.d.T.).

– Mon cœur est lourd, dit-il au saint homme, car Dieu m'a donné une fille affreuse.

– Affreuse comment ? s'enquit le Sage.

– Si je la posais sur une assiette à côté d'un hareng, vous seriez incapable de faire la différence.

Le Sage de Cracovie médita longtemps, et finit par demander :

– Quelle sorte de hareng ?

L'homme, désarçonné par la demande, réfléchit rapidement et dit :

– Euh… un hareng Bismarck.

– Dommage, dit le rabbi. Si ç'avait été un hareng Baltique, elle aurait eu une meilleure chance.

Voici une parabole qui illustre la tragédie de l'état fugitif qu'est la beauté.

Cette fille ressemble-t-elle réellement à un hareng ? Pourquoi pas ? (Si l'on en juge d'après ce qu'on voit se promener dans les rues en ce moment, particulièrement dans les quartiers à la mode.)

Quand bien même ce serait le cas ? Toutes les créatures ne sont-elles pas belles au regard de Dieu ?

Peut-être, mais quand une fille semble davantage à son aise dans un bocal rempli d'huile que dans une robe du soir, elle a tout de même de gros problèmes.

Par une étrange coïncidence, la propre épouse du rabbi Shimmel ressemblait à un calamar, mais seulement de face ; aussi, la malheureuse, soucieuse d'éviter toute funeste méprise, ne cessait de tousser : point de vue qui m'échappe complètement.

*

Le rabbi Zwi Chaim Yisroel, un érudit orthodoxe de la Torah, et qui avait porté l'art de la lamentation à un point extrême dans tout l'hémisphère occidental, était unanimement salué comme l'homme le plus intelligent de la Renaissance par ses coreligionnaires hébreux, lesquels totalisaient un seizième de pour cent de la population.

Une fois, alors qu'il se rendait à la synagogue pour concélébrer la fête sacrée juive (commémorant toutes les promesses reniées par Dieu) une femme l'arrêta et lui posa la question suivante :

– Rabbi, pourquoi n'avons-nous pas le droit de manger du porc ?

– Nous n'avons *pas* le droit ? s'exclama le révérend incrédule. Ça alors !

Voici l'une des rares histoires de toute la tradition hassidéenne qui concorde avec la loi hébraïque.

Le rabbi sait qu'il ne devrait pas manger de porc ; toutefois, il s'en moque, parce qu'il *aime* le porc.

Non seulement il aime le porc, mais il se régale à chercher des œufs de Pâques dans le jardin ! Autrement dit, il se préoccupe très peu de la stricte orthodoxie, et considère les Tables de la Loi remises par Dieu à Abraham comme un ramassis d'insanités.

La raison pour laquelle le porc a été proscrit par la Loi hébraïque n'a pas encore été éclaircie ; quelques érudits affirment que la Torah conseille simplement d'éviter le porc dans certains restaurants.

*

Le rabbi Baumel, le Sage de Vitebsk, décida d'entamer une grève de la faim pour protester contre la loi scélérate interdisant aux Juifs de Russie de porter des savates en dehors du ghetto.

Seize semaines durant, le saint homme resta sur un grossier grabat, regardant le plafond et refusant toute espèce de nourriture. Ses élèves craignirent pour sa vie. Puis un jour, une femme se présenta à son chevet et, s'agenouillant devant l'homme de science, demanda :

– Rabbi, de quelle couleur étaient les cheveux d'Esther ?

Le révérend se tourna faiblement sur le côté et lui fit face.

– Regardez ce qu'elle trouve à me demander ! dit-il. Après seize semaines sans rien dans le corps ! Avec la migraine que j'ai !

Sur quoi, les disciples du rabbi escortèrent personnellement cette femme jusqu'à la *sukkah*[1] où elle se nourrit plantureusement à la Corne d'Abondance jusqu'à ce qu'elle en éclate.

Voici une solution subtile au problème de l'orgueil et de la vanité. Elle semble impliquer que le jeûne est une grosse erreur. Particulièrement sur un estomac vide.

L'homme n'amène pas son propre malheur, et si nous souffrons, c'est par la Volonté de Dieu, bien que je n'arrive pas à comprendre pourquoi il se croit obligé de tellement en remettre.

---

1. *Sukkah* ou *Souka*, « cabane » où la loi juive ordonne de séjourner pendant la fête de Soukath, en automne (N.d.T.).

Certaines tribus orthodoxes croient que la souffrance est l'unique manière de se racheter, et certains historiens parlent d'une secte, les Esséniens [1] dont les adeptes passaient leur temps à se flanquer la tête contre les murs.

D'après le dernier livre de Moïse, Dieu est bienveillant – bien qu'il y ait pas mal de choses dont il ferait mieux de ne pas s'occuper.

*

Le rabbi Yekel de Zans, qui eut la meilleure élocution du monde jusqu'au jour où un Gentil lui subtilisa son haut-parleur, rêva trois nuits de suite que s'il se rendait à Vorki, il trouverait là-bas un grand trésor.

Ayant fait ses adieux à sa femme et à ses enfants, il partit en voyage disant qu'il serait de retour sous huitaine. Deux ans plus tard, on devait le retrouver dans l'Oural, vivant avec un panda femelle.

Affamé et glacé, le révérend fut ramené chez lui, où il fut ramené à la vie avec un bol de soupe fumante et du *flanken* [2].

Ensuite, on lui donna à manger. Après dîner, il put raconter son histoire : trois jours après avoir quitté Zans, il avait été assailli par des nomades sauvages. Quand ils apprirent qu'il était juif, ils l'obligèrent à retoucher toutes leurs vestes de sport et à reprendre le fond de leurs pantalons.

---

1. Membres d'une secte juive du temps des Macchabées, à la doctrine pure et austère (N.d.T.).
2. Flanken, sorte de pot-au-feu juif (N.d.T.).

Comme s'il n'était pas suffisamment humilié, ils emplirent ses oreilles de crème aigre, puis les scellèrent à la cire. Finalement, le rabbi réussit à s'échapper et se dirigea vers la ville la plus proche, s'égarant dans les montagnes de l'Oural parce qu'il avait honte de demander son chemin à quelqu'un.

Ayant achevé son récit, le rabbi se leva et se rendit dans sa chambre pour dormir, et, voilà que, sous son oreiller, il trouva le trésor qu'il cherchait depuis le début !

Extatique, il tomba à genoux et rendit grâces à Dieu.

Trois jours plus tard, il repartait dans l'Oural, déguisé en lapin.

Le petit chef-d'œuvre ci-dessus démontre amplement l'absurdité de tout mysticisme. Le rabbi rêve *trois* nuits durant. Les *cinq* Livres de Moïse, soustraits des *Dix* Commandements, donnent cinq. Nous ôtons les frères Jacob et Ésaü, reste trois.

C'est par un raisonnement semblable que rabbi Yitzbok Ben Levi, le grand mystique juif, réussit à toucher deux gagnants de suite à Aqueduct[1], reporta le tout dans la troisième sur un toquard, ramassa le paquet et prit sa retraite.

---

1. Aqueduct, le plus grand hippodrome de New York, dans le quartier de Queens (N.d.T.).

POUR EN FINIR AVEC LE JEU D'ÉCHECS

« Les échecs, dit une formule populaire, sont le seul langage universel. »

C'est exact, à cette nuance près que, lorsqu'on se sent perdu dans un pays étranger dont on ignore la langue, lorsqu'on demande à un agent de la circulation où se trouve le plus proche cercle d'échecs afin d'y faire une petite partie histoire de se sentir moins seul, toutes sortes de choses peuvent arriver. Comment, en effet, expliquer par gestes que l'on désire jouer aux échecs ? Faut-il, sautant d'un pied sur l'autre sur l'asphalte du boulevard, imiter la marche du Cavalier ? Faut-il au contraire adopter le maintien majestueux et hiératique du Roi ? Ou encore grimacer et s'agiter en tous sens comme le ferait un Fou ?

Passons. Le jeu d'échecs passionne les foules du monde entier, et le championnat du monde Spassky-Fisher a mobilisé récemment en Islande deux fois plus d'envoyés spéciaux que la rencontre de football Asnières-Romorantin.

Mais le jeu d'échecs, et c'est fort dommage, reste encore lettre morte pour bien des gens. Mr Allen a décidé de combler cette lacune.

LA CORRESPONDANCE
GOSSAGE-VARDEBEDIAN

Mon cher Vardebedian,

J'ai été passablement chagriné aujourd'hui, en dépouillant mon courrier du matin, de découvrir que ma lettre du 16 septembre, qui contenait mon vingt-deuxième mouvement (cavalier du roi sur la quatrième case), m'était retournée sans avoir été ouverte, ceci étant dû à une petite erreur dans la suscription – l'oubli de votre nom et de votre adresse (freudien au plus haut point, non ?) jointe au défaut d'affranchissement.

Que j'aie été troublé dernièrement à la suite de l'irrégularité de la Bourse n'est pas un secret, quoique, précisément ce 16 septembre, l'aboutissement d'une longue chute en spirale, rayant définitivement les actions de l'Anti-Matière Amalgamée du tableau des valeurs et renvoyant mon agent de change faire des marchés, m'ait beaucoup affecté. Cependant, ceci n'est pas une excuse pour ma négligence et ma monumentale ineptie. J'ai fait une sottise. Pardonnez-moi.

Que vous n'ayez pas remarqué l'absence de cette

lettre indique un certain manque de concentration de votre part, que j'attribuerai à l'impatience, mais Dieu sait que nous sommes tous faillibles. C'est la vie, et le jeu d'échecs.

Eh bien, maintenant, l'erreur découverte, la rectifier est simple. Si vous aviez la gentillesse de transférer mon cavalier sur la quatrième case de votre roi, je pense que nous pourrions continuer notre petite partie plus efficacement.

L'annonce d'échec et mat que vous faisiez dans la lettre de ce matin n'est, je le crains, en toute honnêteté, qu'une fausse alerte et si vous voulez bien réexaminer les positions à la lumière de la découverte d'aujourd'hui, vous découvrirez que c'est *votre* roi qui est tout près du mat, exposé seul et sans défense, cible immobile pour mes fous avides ! Telles sont les ironiques vicissitudes de la guerre miniature !

La fatalité, sous l'aspect des services postaux, veille, toute-puissante, et voilà la chance qui tourne. Une fois encore, je vous prie d'accepter mes plus sincères excuses pour ma malencontreuse étourderie, et j'attends impatiemment votre prochain mouvement.

Voici mon quarante-cinquième mouvement : mon cavalier prend votre reine.

Sincèrement vôtre,

GOSSAGE.

Gossage,

Je reçois ce matin la lettre renfermant votre quarante-cinquième mouvement (votre cavalier prend ma reine ?), ainsi que votre interminable

explication concernant l'ellipse dans votre correspondance de la mi-septembre

Voyons si je vous comprends bien. Votre cavalier,
que j'ai retiré de l'échiquier il y a des semaines, vous
prétendez maintenant qu'il doit se trouver sur la
quatrième case du roi, en référence à une lettre
perdue depuis vingt-trois mouvements. J'ignorais
qu'un contre-temps semblable ait pu avoir lieu, d'autant que je me rappelle parfaitement votre vingt-
deuxième coup, à savoir votre tour sur la sixième
case de la reine, où elle fut par voie de conséquence
directe démantelée dans une tentative de gambit qui
fit tragiquement long feu.

Actuellement, la quatrième case du roi est occu-
pée par ma tour, et comme vous n'avez plus de
cavalier, en dépit du service des rebuts postaux, je
ne comprends pas très bien de quelle pièce vous
pourriez vous servir pour capturer ma reine.

Je pense que vous voulez probablement suggérer,
comme la plupart de vos pièces sont bloquées, que je
déplace votre roi à la quatrième case de mon fou (votre
unique possibilité) – un arrangement que j'ai pris la
liberté d'effectuer, ce qui ferait, en comptant le mouvement d'aujourd'hui, mon quarante-sixième, dans
lequel je prends votre reine et mets votre roi en échec.

Maintenant, votre lettre devient plus claire.

Fidèlement vôtre,

VARDEBEDIAN.

Vardebedian,

Je viens de lire très attentivement votre dernière
missive, laquelle contient un bizarre quarante-

sixième mouvement consistant au déplacement de ma reine d'une case sur laquelle elle n'a jamais mis les pieds.

Au sortir de patients calculs, je pense avoir mis le doigt sur la cause de votre confusion, et de votre manque de compréhension de faits pourtant évidents.

Que votre tour se trouve sur la quatrième case du roi est une impossibilité, facilement réductible à zéro ; si vous voulez bien vous référer au neuvième coup de la partie, vous verrez nettement que votre tour a été prise depuis longtemps. Il s'agissait évidemment de votre audacieuse opération-suicide, qui déchira votre centre et vous coûta vos *deux* tours. Qu'est-ce qu'elles font donc en ce moment sur l'échiquier ?

Je vous prie de considérer les choses comme elles se sont produites : l'intensité des échanges sauvages et tempétueux qui se produisirent lors du vingt-deuxième mouvement vous a laissé dans un état de légère distraction et, dans votre désir anxieux de vous rattraper, vous n'avez pas remarqué que ma lettre habituelle n'arrivait pas, et à la place, vous avez joué deux fois de suite, prenant ainsi un avantage quelque peu déloyal, ne croyez-vous pas ?

Ce qui est fait est fait, tirons une croix dessus. Mais repartir dans nos traces serait fastidieux et difficile, sinon impossible. En conséquence de quoi, je crois que la meilleure façon de rétablir l'égalité est de m'accorder l'opportunité de jouer deux coups de suite. La justice, c'est la justice.

Donc, premièrement, je prends votre fou avec mon pion. Ensuite, comme ceci laisse votre reine

254

sans protection, je la capture également. Je pense que nous pouvons maintenant passer aux dernières étapes sur un terrain nettoyé.

Sincèrement vôtre,

GOSSAGE.

P.S. – Je vous joins un croquis montrant exactement comment se présente la partie, pour votre édification avant votre prochain coup. Comme vous pouvez le constater, votre roi est encerclé, sans protection et tout seul dans le milieu. Bien à vous.

G.

Gossage,

Je reçois aujourd'hui votre dernière lettre, et, bien qu'elle présente une cohérence toute relative, je pense que je peux comprendre d'où vient votre égarement.

Du diagramme inclus, il m'est apparu clairement que, pendant les six dernières semaines, nous avons joué deux parties d'échecs totalement différentes – moi-même me fiant à notre correspondance, tandis que vous semblez agir dans un monde dont vous seriez le créateur, plutôt qu'en utilisant un quelconque système déjà existant.

Le mouvement du cavalier qui – prétendument – se serait perdu dans le courrier aurait été impossible au vingt-deuxième coup, car cette pièce était alors sur le bord de la dernière rangée, et le mouvement que vous décrivez l'aurait infailliblement amenée sur la table à thé, à côté de l'échiquier.

255

Quant à vous accorder deux coups consécutifs pour compenser une lettre soi-disant égarée par la poste, je préfère croire que vous badinez, Papa.

Je vais tenir compte de votre premier mouvement (vous prenez mon fou), mais je ne peux pas autoriser le second, et, comme c'est maintenant mon tour de jouer, je vous rends la pareille en prenant votre reine avec ma tour.

Le fait que vous prétendiez que je n'ai plus de tours me laisse assez froid, vu qu'un simple coup d'œil sur l'échiquier me les montre, fièrement dressées, pleines de vigueur et d'adresse.

Enfin, le croquis fantaisiste que vous prétendez vouloir représenter l'échiquier, semble indiquer de votre part que vous subissez davantage l'influence des Marx Brothers que celle de Bobby Fisher. Pour espiègle que ce soit, cela n'en laisse pas moins planer certains doutes sur la façon dont vous avez assimilé *le Bréviaire des échecs* que je vous ai vu sortir en douce de la bibliothèque l'hiver dernier, camouflé sous votre manteau d'alpaga. Je vous conseille d'étudier à tête reposée le schéma que je vous joins, et de réagencer votre échiquier d'après lui, de sorte que nous puissions finir cette partie avec un minimum de précision.

Avec confiance,

Vardebedian.

Vardebedian,

Ne désirant pas prolonger une situation déjà confuse (je sais que votre récente maladie a laissé votre constitution généralement puissante dans un état d'affaiblissement et de marasme qui vous fait parfois perdre tout contact avec la réalité), il me faut saisir cette opportunité de débrouiller cet invraisemblable enchevêtrement de circonstances, avant qu'il ne progresse irrévocablement vers une conclusion kafkaïenne.

Si j'avais pu réaliser que vous ne seriez pas suffisamment *fair-play* pour m'accorder un second mouvement compensateur, je n'aurais jamais, au quarante-sixième coup, laissé mon pion prendre votre fou. Si j'en crois votre propre croquis, en fait, ces deux pièces étaient placées de telle façon que la prise était impossible, liés comme nous le sommes aux règles établies par la Fédération internationale des Échecs et la Commission de Boxe de l'État de New York.

Bien que je ne doute pas de votre intention constructive en prenant ma reine, je redoute un désastre inévitable, dès lors que vous vous arrogez un pouvoir de décision arbitraire, et que vous commencez à jouer au dictateur, camouflant vos grossières erreurs de tactique derrière une agressive duplicité. (Comportement que vous décriâtes vous-même il n'y a pas si longtemps dans votre article sur « De Sade et la non-violence ».)

Malheureusement, la partie s'étant déroulée sans interruption, je n'ai pas été capable de calculer exactement sur quelle case vous devriez replacer le cavalier enlevé à tort, aussi suggérerai-je de nous en remettre au hasard : je vais fermer les yeux et le poser sur l'échiquier, étant entendu que nous acceptons la case sur laquelle il peut atterrir. Cela devrait ajouter quelque piment à notre petite escarmouche.

Mon quarante-septième mouvement : Ma tour prend votre cavalier.

Sincèrement vôtre,

GOSSAGE.

Gossage,

Quelle curieuse lettre vous m'avez écrite ! Remplie de bonnes intentions, concise, et cependant renfermant tous les éléments de ce qui pourrait passer, dans certains cénacles intellectuels, pour ce que Jean-Paul Sartre a si merveilleusement décrit comme le « néant ».

Dès l'abord, on est frappé par un profond sentiment de désespoir, qui n'est pas sans rappeler incoerciblement les journaux de bord laissés par des explorateurs perdus dans les immensités glaciaires du Pôle, voire les lettres des soldats allemands à Stalingrad. Il est fascinant de constater à quel point la raison peut se désintégrer, une fois mise en face d'une sinistre vérité, et s'enfuit avec fureur, pour mieux matérialiser un mirage et édifier un abri précaire contre les assauts d'une réalité trop effrayante !

Croyez-le ou non, mon cher ami, j'ai passé la plus grande partie de la semaine à combattre les miasmes des alibis insensés qui constituent votre correspondance, dans l'espoir de clarifier les choses, afin que nous puissions finir cette partie une bonne fois pour toutes.

Votre reine s'en va. Dites-lui adieu. De même qu'à vos deux tours. Oubliez également l'un de vos deux fous, parce que je l'ai pris. Quant à l'autre, sa position, totalement en dehors de l'action principale de la partie, l'a rendu impuissant. Ne comptez pas sur lui, ou ça vous brisera le cœur.

En ce qui concerne le cavalier, que vous avez régulièrement perdu bien que vous refusiez de l'admettre, je l'ai remis à la seule place logique où un cavalier puisse se trouver, bien qu'on n'ait jamais vu un tel manque d'orthodoxie depuis l'invention des échecs par les Perses. Il se trouve donc sur la septième case de mon fou, et si vous êtes capable de rassembler vos facultés déclinantes assez longtemps pour étudier l'échiquier, vous constaterez que cette pièce si convoitée est en train de bloquer la seule issue qu'ait votre roi pour échapper à mon irrésistible mouvement de tenaille. Quelle ironie que votre ambitieux complot ait tourné à mon avantage ! Votre cavalier, se traînant à nouveau au milieu du jeu, torpille votre fin de partie !

Mon mouvement : reine cinquième cavalier, et je prédis le mat en un coup.

Cordialement vôtre,

Vardebedian.

Vardebedian,

Manifestement, la tension grandissante, jointe à l'influx nerveux dépensé pour défendre une série de positions d'échecs désespérées, a fini par gripper la machinerie délicate de votre appareil psychique, le rendant un brin mollasse. Vous ne me laissez d'autre alternative que de terminer le match rapidement et miséricordieusement, pour relâcher la pression avant que vous ne soyez définitivement endommagé.

Cavalier – parfaitement, cavalier ! – sur la sixième de la reine. Échec.

GOSSAGE.

Gossage,

Cavalier cinquième case reine. Échec et mat.

Désolé que cette compétition se soit montrée trop difficile pour vous, mais, si cela peut vous consoler, plusieurs maîtres d'échecs locaux, après avoir étudié ma technique, ont déclaré forfait.

Au cas où vous désireriez une revanche, je suggère que nous la fassions au scrabble, un jeu auquel je m'intéresse depuis peu et qui, je l'espère, suscitera moins de contestations.

VARDEBEDIAN.

Vardebedian,

Tour sur la huitième case du cavalier. Échec et mat.

Plutôt que de vous ennuyer avec les détails de ma victoire, comme je suis convaincu que vous êtes un homme honnête, dans le fond (un léger traitement médical vous fera le plus grand bien, vous en conviendrez), j'accepte votre défi au scrabble très volontiers.

Sortez votre jeu. Comme aux échecs vous avez joué avec les blancs, ce qui vous avait donné l'avantage du premier coup (si j'avais connu vos

260

limites, je vous en aurais accordé deux au départ), je pense avoir le droit de jouer le premier.

Les sept lettres que je viens de retourner sont O, A, E, J, N, R et Z, un mélange guère affriolant qui devrait garantir, même aux plus méfiants, l'honnêteté de mon tirage.

Cependant, par chance, mon vocabulaire étendu, joint à un penchant pour l'ésotérisme, m'a rendu capable de découvrir un ordre étymologique dans ce qui, à première vue, pour un esprit moins lettré, pouvait sembler un fouillis inextricable.

Mon premier mot est « ZANJERO ». Sortez les lettres de la boîte. Maintenant, placez-les horizontalement sur le tableau, le E sur la case centrale. Comptez avec soin, sans oublier de doubler les points pour le coup d'ouverture, et la prime de cinquante points pour avoir utilisé la totalité des sept lettres. Le score est donc de 116 à 0.

À vous de jouer.

GOSSAGE.

POUR EN FINIR AVEC LES RÉGIMES
BASSES CALORIES

Nous y voilà. En plein dans la graisse, ce nouveau mal du siècle dans notre hémisphère de consommation.

L'Occidental moyen progresse dans la vie avec un strabisme divergent perpétuel : un œil sur le pèse-personne, l'autre sur la carte des basses calories – à moins que ce ne soit le contraire.

Le rapport taille-poids est scrupuleusement étudié, et chaque retour de vacances occasionne d'épouvantables drames quand on ne peut plus rentrer dans ses vêtements de demi-saison. Alors on se livre à des calculs encore plus compliqués qu'en période de déclaration fiscale. On suppute la valeur calorifique de la carotte râpée (sans assaisonnement) comparée à celle du cassoulet au confit d'oie.

Certains fous de minceur vont même – nous sommes-nous laissé dire – jusqu'à se livrer à des exercices aussi violents qu'épuisants, tels que marche à pied et gymnastique suédoise, dans le but de perdre les quelques grammes excédentaires.

Cette psychose, soigneusement entretenue par les marchands de produits diététiques, fait de nos contemporains à qui tout profite de sombres zombies neurasthéniques, perpétuellement affamés, et pour qui passer devant une pâtisserie réclame des trésors d'énergie vitale.

C'est sur le cas de ces malheureux que s'est ici penché Mr Allen, avec la prodigieuse sagesse qui le caractérise.

RÉFLEXIONS DU SURALIMENTÉ

(*Après avoir lu coup sur coup Dostoïevsky et un
magazine de diététique pendant un voyage en avion.*)

Je suis gras.

Je suis dégoûtamment gras.

Je suis l'homme le plus gras que je connaisse.

Je n'ai rien d'autre sur tout le corps que de la
graisse en excédent. Mes doigts sont gras. Mes poignets sont gras. Mes yeux sont gras. (Peut-on imaginer des yeux gras, à part dans un bouillon ?)

Je pèse des centaines de livres de trop[1]. La chair
dégouline sur moi comme le chocolat chaud sur des
profiteroles. Mon tour de taille est un objet de répul-
sion pour tous ceux qui m'ont vu. Inutile de nier
l'évidence : je suis un véritable tas de graisse.

Mais, demandera le lecteur, y a-t-il des avantages
ou des inconvénients à affecter la rotondité d'une
planète ? Je n'ai pas l'intention de me montrer facétieux ni de parler en paradoxes, mais je suis obligé de

---

1. Une livre : 453 grammes (N.d.T.).

265

répondre que la graisse en elle-même est au-dessus de la morale bourgeoise. Elle est simplement grasse.

Que la graisse puisse avoir une valeur qui lui est propre, que la graisse puisse être, disons, malséante ou pitoyable, c'est évidemment une plaisanterie. Absurde ! Car qu'est-ce que la graisse, après tout, sinon une accumulation de livres ? Et que sont les livres ? Simplement un agrégat composite de cellules. Une cellule peut-elle être morale ? Une cellule est-elle au-delà du bien ou du mal ? Qui peut savoir ? Elles sont si petites !

Non, mon ami, il ne faut jamais essayer de distinguer entre la bonne et la mauvaise graisse. Nous devons apprendre à considérer l'obèse sans le juger, sans penser « la graisse de cet homme est de première qualité » et « la graisse de ce pauvre diable est minable ».

Prenons l'exemple de K. Ce type était porcin à un tel degré qu'il ne pouvait pas franchir une porte normale sans l'aide d'un levier. Évidemment, K. ne pouvait même pas envisager d'aller d'une pièce à l'autre dans un appartement quelconque sans au préalable se déshabiller complètement et s'enduire de beurre.

Je compatis au supplice de K. Quelles insultes n'a-t-il pas essuyées de la part de bandes de jeunes voyous ! Comme il a dû être déchiré par ces cris sur son passage : « Tonneau ! Bonbonne ! » Comme il dut se sentir blessé au plus profond, quand, le soir de la Saint-Michel, le gouverneur de la province se tourna vers lui et lui dit, en présence de tous les dignitaires : « Vous, là, le gros tas de bidoche ! »

Alors, un jour, incapable de supporter plus long-temps cet enfer, K. se mit au régime. Oui, parfaite-ment ! Il supprima d'abord les sucreries. Puis le pain, l'alcool, les féculents, les sauces.

Bref, K. renonça volontairement à ce remplissage qui interdit à un homme de lacer ses souliers sans l'aide des frères Santini[1]. Graduellement, il com-mença à maigrir. Des rouleaux de chair tombèrent de ses membres. Et là où il s'était montré sous l'apparence d'un poussah, il apparut soudain en public avec une conformation normale. Et même séduisante. Il semblait le plus heureux des hommes.

Je dis « semblait », car dix-huit ans plus tard, alors qu'il sentait sa mort prochaine et que la fièvre embrasait sa frêle charpente, on l'entendit crier :

– Ma graisse ! Rendez-moi ma graisse ! Oh, je vous en supplie ! J'ai besoin de ma graisse ! Je manque de poids ! Quel fou j'ai été, de me séparer de ma chère graisse ! J'ai dû signer un pacte avec le diable !

Cette dernière réflexion me semble frappée au coin du bon sens.

Maintenant, le lecteur est probablement amené à réfléchir. « Pourquoi donc, si vous êtes gras à lard, n'êtes-vous pas entré dans un cirque ? »

Parce que – je le confesse non sans embarras – je ne peux pas quitter ma maison. Je ne peux pas sortir parce que je ne peux enfiler aucun pantalon. Mes jambes sont trop épaisses. Mes jambes sont le résul-tat vivant de l'absorption d'autant de corned beef qu'il y en a sur la Deuxième Avenue. Je dirais

---

1. Contorsionnistes célèbres (N.d.T.).

environ douze mille sandwiches par jambe. Et pas uniquement de la viande maigre, est-il besoin de le préciser.

Une chose est certaine : si ma graisse pouvait parler, elle dirait probablement l'effrayante solitude de l'homme – et peut-être aussi la manière de fabriquer un petit bateau en papier, mais c'est moins sûr.

Chaque livre de mon corps désire de toutes ses forces envoyer un message au monde, jusques et y compris le Douzième Parallèle.

Ma graisse est peu commune. Elle a beaucoup vu. Rien que mes mollets ont vécu toute une existence. Ma graisse n'est pas heureuse, mais elle est bien réelle. Ce n'est pas de la fausse graisse. La fausse graisse est la pire graisse qu'on puisse avoir, bien que j'ignore si on peut encore en trouver dans les magasins.

Mais laissez-moi vous raconter comment je suis devenu gras. Car je n'ai pas toujours été gras. C'est l'Église qui m'a rendu ainsi.

À une époque, j'étais mince – tout à fait mince. Si mince en fait, que me traiter de gros eût été une erreur de perception. Je restai mince jusqu'à un certain jour – je crois que c'était pour mon vingtième anniversaire – où je prenais du thé et des biscuits secs avec mon oncle dans un bon restaurant. Subitement, mon oncle me posa une question :

– Crois-tu en Dieu ? demanda-t-il. Et si oui, combien crois-tu qu'Il pèse ?

Ayant dit, il tira une longue bouffée voluptueuse de son cigare, et, de la manière confiante et assurée qu'il affectait, il fut pris d'un accès de toux si violent que je redoutai une hémorragie.

268

– Je ne crois pas en Dieu, lui dis-je. Car si Dieu existe, alors dis-moi, mon oncle, pourquoi ce monde connaît tant de misère et de tristesse ? Pourquoi certains individus traversent l'existence sans se préoccuper des milliers de microbes acharnés à notre perte, alors que d'autres attrapent des rhumes qui durent des semaines ? Pourquoi nos jours sont-ils comptés, au lieu d'être classés par ordre alphabétique ? Réponds-moi, mon oncle. À moins que, je ne t'aie choqué ?

Je savais ne rien risquer en disant ceci, car rien au monde ne pouvait choquer cet homme. Une fois il avait vu la mère de son moniteur d'échecs se faire violenter par des Turcs et avait trouvé l'incident fort amusant, bien que tirant en longueur sur la fin.

– Mon cher neveu, dit-il, il y a un Dieu, quoi que tu penses, et Il est partout. Oui, partout !

– Partout, mon oncle ? Comment peux-tu dire ça, alors que tu n'es même pas certain que *nous* existons ! Tu vois, je touche ta verrue en ce moment, mais ne serait-ce pas une illusion ? La vie tout entière ne serait-elle pas une illusion ? Ne sais-tu pas qu'il existe certaines sectes religieuses en Orient qui professent que *rien* n'existe en dehors de l'esprit, à l'exception du buffet de la Gare Centrale ? Ne serait-ce pas simplement que nous sommes seuls et abandonnés, condamnés à traverser un univers indifférent, sans aucun espoir de salut, sans autre perspective que la misère, la mort et l'atroce réalité du néant éternel ?

Je pus voir que j'avais fait une profonde impression sur mon oncle avec cette tirade, car il me dit :

– Et tu t'étonnes de ne pas être invité plus souvent en société ! C'est parce que tu es morbide !

Il m'accusa d'être un nihiliste, puis proféra, de cette façon sentencieuse qu'affectionnent les vieillards :

– Dieu n'est pas toujours où on Le cherche, mais je te fiche mon billet, mon cher neveu, qu'Il est partout ! Dans ces biscuits à la cuiller, par exemple.

Là-dessus, il s'en alla, me laissant sa bénédiction… et une addition aussi longue que la checklist d'un avion de transport.

Je rentrai chez moi, m'interrogeant sur ce qu'il avait voulu dire dans cette simple affirmation : « Il est partout. Dans ces biscuits à la cuiller, par exemple. »

Obnubilé, ne me sentant pas dans mon assiette, je m'étendis sur mon lit et m'accordai une petite sieste. À ce moment, je fis un rêve qui devait changer tout le reste de ma vie.

Dans mon rêve, je flâne à la campagne, quand je prends soudain conscience d'être affamé. Mourant de faim, si vous préférez. J'avise un restaurant, et j'y pénètre. Je commande une double portion de rôti de bœuf et une tranche de pain. La serveuse, qui ressemble à ma propriétaire (une femme parfaitement insipide qui fait invinciblement penser à une botte de lichens poilus), tente de m'inciter à commander la salade de poulet, qui ne me semble pas fraîche. Pendant que je converse avec cette femme, elle se transforme en une ménagère en métal argenté de vingt-quatre pièces. J'éclate d'un rire hystérique, qui se change brusquement en larmes, et aussitôt après en une sérieuse infection de l'oreille. Une lumière éclatante se répand dans la salle, et j'aperçois un personnage nimbé de rayons, qui s'approche sur un cheval blanc. C'est mon pédicure, et je m'effondre sur le sol avec un effroyable sentiment de culpabilité.

Tel était mon rêve.

Je m'éveillai avec une furieuse sensation de bien-être. J'étais soudain optimiste. Tout devenait clair. Les paroles de mon oncle trouvèrent un écho au plus profond de mon être. Je filai à la cuisine et commençai à manger.

J'absorbai tout ce que je trouvai : gâteaux, pain, céréales, viande, fruits. Des chocolats succulents, des légumes en sauce, des vins fins, des crèmes et des nouilles, des éclairs et des saucisses, pour un montant total de soixante mille dollars.

Si Dieu est partout, avais-je conclu, alors Il est dans la nourriture. Donc, plus je mangerai, plus je deviendrai divin.

Poussé par cette nouvelle ferveur religieuse, je me gloutonnai comme un fanatique. En six mois, je devins le plus saint des saints, mon cœur totalement voué à la prière, pendant que mon estomac progressait tout seul vers la frontière de l'État.

La dernière fois que j'ai vu mes pieds, c'était à Vitebsk un jeudi matin, et pour autant que je puisse le savoir, ils sont toujours là-bas.

J'ai mangé et mangé, grossi et grossi. Maigrir eût été la pire des folies ! Plus : un péché ! Car lorsque nous perdons vingt livres, cher lecteur (et je présume que vous n'êtes pas aussi énorme que moi) il se peut que nous perdions *nos vingt meilleures* !

Nous pouvons perdre les livres qui contiennent notre génie, notre humanité, notre amour ou notre honnêteté ! (Sauf dans le cas d'un contrôleur des contributions que j'ai connu, et qui n'a perdu qu'un peu de bourrelets disgracieux autour des hanches.)

Maintenant, je sais ce que vous allez dire. Vous allez dire que tout ceci est en contradiction formelle avec tous les principes que j'ai énoncés auparavant. Voilà que tout à coup, j'attribue de la valeur à de la simple viande ! Eh bien oui, et pourquoi pas ? La vie n'offre-t-elle pas constamment le même genre de contradictions ?

Une opinion sur la graisse peut changer, de la même façon que les saisons changent, que nos cheveux changent, que la vie elle-même change.

Car la vie est changement, et la graisse, c'est la vie, et la graisse, c'est aussi la mort.

Vous saisissez ? La graisse est tout !

Sauf si on en a trop.

POUR EN FINIR AVEC LES LIVRES
DE SOUVENIRS

Ah ! Ces bons vieux souvenirs ! Chacun de nous a lu des quantités de ces livres, généralement très épais, dans lesquels des hommes célèbres relatent avec une discrète émotion et une évidente nostalgie les beaux jours de leur jeunesse. Certains même en font plusieurs tomes. Et il arrive – mais oui – que ces livres soient intéressants, dans la mesure où l'on s'intéresse à leurs auteurs.

On connaît ainsi les souvenirs de Kipling, de Stendhal, de Tocqueville, d'Henry Miller, etc.

Mais il y a une autre catégorie de livres de souvenirs. Ce sont ceux d'individus absolument pas célèbres pour la moindre raison[1], mais qui ont plus ou moins fréquenté au cours de leur vie de gens-pas-célèbres, de véritables hommes célèbres, et qui cherchent à leur tour à devenir célèbres en racontant leurs souvenirs au sujet des hommes célèbres.

---

1. Anaïs Nin en est l'exemple le plus frappant.

*Mr Allen, qui, lui, est célèbrement célèbre,
célèbre dans le texte qui suit, les célèbres inconnus
qui ont célébré la célébrité.*

SOUVENIRS DE JEUNESSE D'UN ESTHÈTE

Quand je vins pour la première fois à Chicago, c'était dans les années vingt, pour assister à un combat de boxe. Ernest Hemingway m'accompagnait, et nous passâmes quelque temps au camp d'entraînement de Jack Dempsey. Hemingway venait d'écrire deux nouvelles sur la boxe professionnelle, et bien que Gertrude Stein et moi les trouvions potables, nous pensions qu'elles avaient encore besoin d'être travaillées. Je plaisantai Hemingway sur son prochain roman et nous rîmes beaucoup et prîmes du bon temps et enfilâmes des gants de boxe et il me brisa le nez.

Cet hiver-là, Alice Toklas, Picasso et moi-même louâmes une villa dans le Midi de la France. Je travaillais alors sur ce que j'imaginais être un chef-d'œuvre du roman américain, mais il était imprimé trop fin et je n'ai pas pu arriver au bout.

Tous les après-midi, Gertrude Stein et moi allions à la chasse aux antiquités dans les boutiques du cru, et je me souviens de lui avoir demandé une fois si elle pensait que je dusse devenir un écrivain. De sa

275

façon typiquement mystérieuse qui nous enchantait tous, elle répondit :

– Non.

J'en conclus qu'elle voulait dire oui et pris le bateau pour l'Italie le lendemain. L'Italie me rappela énormément Chicago, particulièrement Venise, car ces deux villes ont des canaux et leurs rues sont abondamment pourvues de statues et de cathédrales dues aux plus grands sculpteurs de la Renaissance.

Ce même mois, nous allâmes visiter Picasso dans son atelier à Arles, qui s'appelait alors Rouen, ou Zurich, avant que les Français ne la rebaptisent en 1589 sous le règne de Louis le Vague. (Louis était un roi bâtard du XVIᵉ siècle, qui était parfaitement antipathique à tout le monde.) Picasso entamait alors ce qui devait être connu plus tard comme sa « période bleue », mais Gertrude Stein et moi prîmes le café avec lui, ce qui fait qu'il ne la commença que dix minutes plus tard. Comme elle devait durer quatre ans, ces dix minutes n'eurent pas beaucoup d'importance.

Picasso était un petit homme qui avait une drôle de façon de marcher en posant un pied devant l'autre et ainsi de suite jusqu'à ce qu'il exécute ce qu'il appelait des « pas ». Nous rîmes beaucoup de ces délicieuses idées, mais vers le début des années trente, avec la montée du fascisme, il y avait très peu d'occasions de rire.

Ensemble, Gertrude Stein et moi examinâmes très attentivement les derniers travaux de Picasso, et Gertrude Stein émit cette opinion : « L'art, toute forme d'art, n'est rien d'autre que l'expression de quelque chose. » Picasso n'était pas d'accord. Il dit :

– Laissez-moi tranquille. J'étais en train de manger.

J'éprouvai quant à moi le sentiment que Picasso avait raison : il était en train de manger.

L'atelier de Picasso différait totalement de celui de Matisse, en ceci que, alors que celui de Picasso était en désordre, Matisse rangeait tout parfaitement dans le sien. De façon assez étrange, la réciproque était vraie.

En septembre de la même année, Matisse reçut la commande de peindre une allégorie, mais avec la maladie de sa femme, il ne put la peindre, et à la place on colla dessus du papier peint.

Si je me souviens aussi parfaitement de tous ces événements, c'est parce qu'ils se déroulèrent juste avant l'hiver que nous passâmes tous dans un petit appartement bon marché du Nord de la Suisse, là où il pleuvait par intervalles, et où la pluie cessait aussi soudainement.

Juan Gris, le peintre cubiste espagnol, avait persuadé Alice Toklas de poser pour une nature morte, et avec sa conception typique de l'abstraction des objets, il entreprit de ramener son visage et son corps à des formes géométriques de base, mais la police arriva à temps et l'embarqua.

Gris venait de la province espagnole, et Gertrude Stein se plaisait à dire que seul un véritable Espagnol pouvait se comporter comme il le faisait ; c'est-à-dire qu'il parlait espagnol et rendait parfois visite à sa famille en Espagne. Tout ceci était réellement tout à fait merveilleux à voir et à entendre.

Je me rappelle un après-midi, où nous étions assis dans un bar animé du Sud de la France, avec nos pieds confortablement posés sur des tabourets dans le Nord de la France, quand Gertrude Stein dit :

– J'ai mal au cœur.

Picasso trouva la réflexion très drôle, mais Matisse et moi la prîmes comme une incitation à partir pour l'Afrique. Sept semaines plus tard, au Kenya, nous tombâmes sur Hemingway.

Bronzé, portant maintenant la barbe, il commençait déjà à mûrir son style familier : on ne voyait plus que ses yeux et sa bouche. D'ailleurs, dans ce continent noir inexploré, Hemingway avait déjà bravé mille fois les gerçures.

– Quoi de neuf, Ernest ? lui demandai-je.

Il s'étendit avec éloquence sur la mort et sur l'aventure, comme lui seul savait le faire, et lorsque je me réveillai, il avait dressé les tentes, et, assis auprès d'un grand feu, nous faisait rôtir d'appétissants amuse-gueule. Je le taquinai au sujet de sa barbe et nous rîmes et bûmes du cognac et ensuite nous enfilâmes des gants de boxe et il me brisa le nez.

Cette année-là, je retournai à Paris pour rencontrer un compositeur européen, maigre, nerveux, avec un profil aquilin et des yeux remarquablement mobiles, qui serait un jour Igor Stravinsky, et par la suite son meilleur ami.

Je séjournai chez Sting et Man Ray, où Salvador Dali vint dîner avec nous plusieurs fois, et Dali décida d'organiser un one-man-show, ce qu'il fit, et ce fut un énorme succès au moment où le manchot apparut[1] et nous passâmes un joyeux et merveilleux hiver.

---

1. Tentative d'équivalence à un texte intraduisible : *it was a huge success as one man showed up* (N.d.T.).

Je me souviens du soir où Scott Fitzgerald et sa femme Zelda revinrent de leur réveillon de Noël. C'était en avril.

Ils n'avaient bu que du champagne pendant trois mois, et une des semaines précédentes, en grande tenue de soirée, ils avaient précipité leur limousine du haut d'une falaise dans l'Océan à la suite d'un défi.

Il y avait quelque chose d'authentique chez les Fitzgerald ; leurs valeurs étaient fondamentales. Ils étaient d'une telle modestie que lorsque Grant Wood[1] voulut les convaincre de poser pour son *Gothique Américain*, je me rappelle à quel point ils en furent flattés. Zelda me raconta que pendant toutes leurs séances de pose, Scott n'arrêtait pas de faire tomber sa fourche.

Mon intimité grandit avec Scott pendant les années suivantes, et la plupart de nos amis étaient persuadés qu'il me prendrait pour modèle de son prochain roman, alors que je conformais ma vie à son roman précédent. Je finis par être habité par un personnage de fiction.

Scott avait d'énormes difficultés à suivre une discipline de travail et, quoi que nous adorions tous Zelda, nous trouvions qu'elle exerçait une mauvaise influence sur son œuvre, réduisant sa production habituelle d'un roman par an à une ou deux recettes de cuisine et une série de virgules.

Finalement, en 1929, tous ensemble, nous partîmes pour l'Espagne, où Hemingway nous présenta

---

1. Le « peintre du sol américain » qui représentait surtout des paysans en action (N.d.T.).

à Manolete, homme d'une sensibilité telle qu'il en semblait efféminé. Il portait des culottes de toréador, ou quelquefois des pantalons de cycliste.

Manolete était un grand, grand artiste. S'il n'était pas devenu torero, sa grâce était telle qu'il aurait pu faire une belle carrière de comptable.

Nous nous amusâmes beaucoup en Espagne cette année-là, nous voyageâmes, nous écrivîmes, Hemingway m'enseigna la pêche au thon et j'en attrapai quatre boîtes. Nous rîmes, et Alice Toklas me demanda si je n'étais pas amoureux de Gertrude Stein, parce que je lui avais dédié un livre de poèmes (bien qu'ils fussent de T.S. Eliot) et je répondis que oui, je l'aimais, mais que ça ne marcherait jamais entre nous car elle était beaucoup trop intelligente pour moi. Alice Toklas fut de mon avis, alors nous enfilâmes des gants de boxe et Gertrude Stein me brisa le nez.

POUR EN FINIR
AVEC LES FILMS D'ÉPOUVANTE

Le film d'horreur ou d'épouvante connaît de nos jours une vogue parfaitement inexplicable. De longues files d'attente s'étirent devant les salles où l'on projette ces sinistres bluettes, comme si notre vie quotidienne dans les métropoles modernes n'était pas assez épouvantable. Comme si le reflet de notre visage hagard, aux traits tirés, dans le miroir matinal, ne suffisait pas à nous glacer d'effroi. Comme si la circulation de six heures du soir sur le boulevard pourriphérique était une partie de plaisir !

Non. Le citadin moderne, menacé par la pollution, rongé par les soucis, écrasé par la fiscalité, torturé par les décibels, traumatisé par les névroses, ne trouve une détente agréable que dans la fréquentation des salles spécialisées, à la projection de le Savant fou de l'île maudite, de le Château fou du savant maudit ou de Vous n'êtes pas franc, Kenstein !

Mais tout ce que l'on a pu voir jusqu'ici dans le domaine de l'épouvante n'est que broutille auprès de l'histoire que Mr Allen a écrite, et qui dépasse de très loin les frontières de l'Horreur.

Ne lisez pas cette histoire la nuit, quand il vente au-dehors dans une vieille maison qui craque, vous voilà prévenu.

LE COMTE DRACULA

Quelque part en Transylvanie, Dracula le monstre repose endormi dans son cercueil, attendant que la nuit tombe. Comme toute exposition aux rayons du soleil provoquerait à coup sûr sa mort immédiate, il demeure dans l'obscure protection de la boîte capitonnée de satin frappée de ses initiales en argent.

Puis l'instant de l'obscurité vient, et mû par quelque miraculeux instinct, le démon émerge de la sécurité de sa cachette et, adoptant la forme hideuse d'une chauve-souris ou d'un loup, il se met à rôder dans les environs, buvant le sang de ses victimes. Après quoi, avant que les premiers rayons de son ennemi juré le soleil, annoncent un nouveau jour, il regagne vite la sécurité de son cercueil caché et s'endort alors que le cycle du jour recommence.

Maintenant, il commence à remuer. Les battements de ses paupières répondent à quelque instinct inexplicable venu du fond des temps, l'avertissant que le soleil est presque couché et que le moment est proche.

Ce soir, il est particulièrement affamé, et, pendant qu'il gît encore, pleinement éveillé maintenant, en smoking et cape d'Inverness doublée de soie rouge, attendant de savoir avec une perception surnaturelle le moment précis de l'obscurité totale pour ouvrir le couvercle et se lever, il suppute quelles seront les victimes de cette nuit.

Le boulanger et sa femme, songe-t-il par-devers lui. Succulents, disponibles et sans le moindre soupçon. La pensée de ce couple innocent dont il a prudemment cultivé la confiance excite sa soif de sang au plus haut point, et il attend avec impatience que passent les dernières secondes pour jaillir hors du cercueil et aller chercher sa proie.

Brusquement, il sait que le soleil a disparu. Comme un ange de l'enfer, il se dresse promptement et, se métamorphosant en chauve-souris, vole de façon désordonnée mais efficace vers la chaumière de ses appétissantes victimes.

– Tiens, comte Dracula, quelle bonne surprise ! dit la femme du boulanger en lui ouvrant la porte.

(Il a naturellement repris son apparence humaine avant de frapper à la porte, dissimulant sous des façons charmeuses ses intentions rapaces.)

– Qu'est-ce qui vous amène de si bonne heure ? demande le boulanger.

– Notre dîner, répond le comte. J'espère que je ne fais pas erreur. Vous m'aviez bien invité pour ce soir, n'est-ce pas ?

– Certes, ce soir, mais pas avant sept heures.

– Pardon ? fait Dracula, regardant autour de lui avec étonnement.

– Ah, vous êtes venu regarder l'éclipse avec nous !

– Éclipse ?

– Bien sûr. Aujourd'hui, il y a une éclipse totale du soleil.

– Quoi ?

– Une obscurité intégrale dès midi, et pour quelques minutes. Regardez donc par la fenêtre.

– Euh, oh… Je suis extrêmement ennuyé !

– Tiens donc !

– Et maintenant, si vous voulez bien m'excuser…

– Qu'y a-t-il, comte Dracula ?

– Il faut que je m'en aille… ha, ha !… Oh, bon sang…

Frénétiquement, il tâtonne la poignée de la porte.

– Vous en aller ? Mais vous arrivez à peine !

– Oui, mais… je crois que…

– Comte Dracula, vous êtes tout pâle.

– Moi ?… J'ai besoin de prendre l'air. Ravi de vous avoir vus…

– Venez, asseyez-vous. Nous allons prendre un verre.

– Un verre ? Non, merci, je dois filer… Euh, vous marchez sur ma cape !

– Là ; détendez-vous ! Un peu de vin ?

– Du vin ? Oh non, je ne bois plus – le foie et tout ça, vous savez ce que c'est. Et maintenant, je dois vraiment partir, je viens de me rappeler que j'ai laissé l'électricité allumée dans mon château, la note sera salée…

– Je vous en prie, dit le boulanger, son bras enserrant le comte dans une étreinte solide et amicale. Vous ne nous dérangez pas, ne soyez pas aussi délicat. D'accord, vous êtes en avance, mais ce n'est pas grave.

– Sincèrement, je serais ravi de rester, mais il y a un congrès de vieux comtes roumains aujourd'hui, et c'est moi qui suis chargé du buffet froid…

– Toujours courir, toujours courir ! Vous finirez par avoir une crise cardiaque !

– Oui. C'est juste. Et maintenant…

– Je vais faire du pilaf de poulet ce soir, intervient la boulangère. J'espère que vous aimez ça.

– Merveilleux, merveilleux, dit le comte avec le sourire, tout en poussant la femme dans une pile de linge.

Puis, ouvrant précipitamment la porte d'un placard, il entre dedans.

– Bon sang, où est cette sacrée porte d'entrée ?

– Ach, ach ! s'esclaffe la boulangère, quel boute-en-train, ce comte !

– Je savais que ça vous amuserait, dit Dracula avec un rire forcé. Maintenant, laissez-moi passer !

Enfin, il atteint la porte principale et l'ouvre, mais le temps a couru plus vite que lui.

– Oh ! Regarde, maman, dit le boulanger, l'éclipse se termine. Le soleil revient peu à peu.

– Juste ! fait Dracula en claquant la porte. Réflexion faite, j'ai décidé de rester. Fermez les persiennes, vite. *Vite !* Remuez-vous !

– Quelles persiennes ? demande le boulanger.

– Il n'y en a pas, naturellement ! Bande de… Vous avez une cave dans cette baraque ?

– Hélas non, réplique la femme, affable. Je n'arrête pas de répéter à Iaroslav d'en creuser une, mais il ne m'écoute jamais. Ah, c'est qu'il a son caractère, mon Iaroslav !

– Je sens que j'étouffe. Où est le placard ?

— Celle-là, vous nous l'avez déjà faite, comte Dracula. Ça nous a bien fait rire, maman et moi.

— Ach, quel boute-en-train, ce comte !

— Écoutez, je serai dans le placard. Frappez à sept heures et demie.

Et sur ces mots, le comte bondit dans le placard et en ferme la porte.

— Hi, hi ! Il est tellement drôle, Iaroslav !

— Oh, comte, sortez de ce placard ! Cessez de faire le grand fou !

De l'intérieur du placard sort la voix assourdie de Dracula :

— Impossible. S'il vous plaît, croyez-moi ! Laissez-moi seulement rester ici. Je suis bien. Vraiment très bien.

— Comte Dracula, arrêtez de blaguer, vous allez nous faire mourir de rire !

— Je peux vous dire que j'adore ce placard.

— Bien sûr, mais…

— Je sais, je sais… Cela peut vous sembler étrange, mais pourtant, je passe un excellent moment. Comme je le disais pas plus tard que l'autre jour à Mme Hess, donnez-moi un bon placard et je peux y rester pendant des heures ! Une femme charmante, Mme Hess. Obèse mais charmante… Pourquoi n'allez-vous pas vaquer à vos affaires ? Vous reviendrez me chercher après le coucher du soleil. Oh, Ramona, la da di da la da di da… Ramona…

Et voici qu'arrivent le maire et sa femme, Katia. Ils passaient dans le quartier et ont décidé de faire une surprise à leurs bons amis le boulanger et sa femme.

– Salut, Iaroslav ! J'espère que nous ne vous dérangeons pas ?

– Bien sûr que non, monsieur le Maire ! Sortez, comte Dracula ! Nous avons de la visite !

– Le comte est ici ? demande le maire, surpris.

– Oui, et vous ne devinerez jamais où, dit la boulangère.

– C'est si rare de le voir aussi tôt ! Par le fait, je ne me souviens pas de l'avoir jamais vu en plein jour !

– Eh bien, il est ici. Sortez, comte Dracula !

– Où est-il donc ? demande Katia, ne sachant si elle doit rire ou non.

– Sortez, maintenant !

La femme du boulanger s'impatiente.

– Il est dans le placard, dit mystérieusement le boulanger.

– Pour de vrai ? fait le maire.

– Allons, dit le boulanger avec une feinte bonne humeur tout en frappant à la porte du placard. Trop, c'est trop. Le maire est ici.

– Sortez, Dracula, crie Son Honneur. Venez boire un coup.

– Non, buvez-le sans moi, j'ai à faire ici !

– Dans le placard ?

– Oui. Je ne veux pas gâcher votre journée. Je peux entendre tout ce que vous dites, j'interviendrai si j'ai quelque chose à ajouter.

Tous se regardent en haussant les épaules. Le vin coule à flots et chacun boit.

– Belle éclipse aujourd'hui, dit le maire en sirotant son verre.

– Oui, approuve le boulanger. Incroyable.

288

– Ouais, impressionnante ! dit une voix en provenance du placard.

– Comment, Dracula ?

– Rien, rien, c'était sans importance.

Et ainsi passent les heures, jusqu'à ce que le maire, n'y tenant plus d'impatience, enfonce la porte du placard en clamant :

– Allez, Dracula ! Je vous ai toujours pris pour un homme sensé, alors arrêtez cette plaisanterie stupide !

La clarté du jour envahit le placard ; l'horrible monstre pousse un cri perçant et se transforme lentement en un squelette. Puis il se dissout en poussière devant les yeux des quatre personnes présentes.

Regardant le petit tas de cendres blanches sur le sol du placard, la boulangère gémit :

– Mon dîner est fichu !

POUR EN FINIR AVEC LES SPECTACLES
DE MIME

L'origine de la mimique se perd dans la nuit des temps. Selon des sources dignes de foi, elle remonte à l'époque primitive où l'être humain n'avait pas encore découvert le langage articulé, ça ne date pas d'hier.

Progressivement, l'expression gestuelle perdit de son importance à mesure que grandissait le succès de la parole, qui finit par la supplanter presque totalement.

La mimique, alors, ayant perdu sa nécessité, devint un art, changea de sexe et s'appela le mime, ce qui revient strictement au même. De nos jours, le mime a ses écoles – les écoles de mime – avec ses professeurs – les ingénieurs des mimes – ses élèves – les mimis – et ses champions – les mineurs de fond.

Le mime a suscité sa propre dramaturgie – le mimodrame – avec ses auteurs – les mimographes – et ses exégètes – les mimologues. La fleur favorite des mimes est le mimosa.

Mais ce dont personne ne semble s'être avisé avant l'universel Mr Allen, c'est qu'au mime, il ne manque plus que la parole...

PARLEZ UN PEU PLUS FORT,
S'IL VOUS PLAÎT

Comprenez bien que vous avez affaire à un homme qui a achevé *Finnegans Wake* sur le grand 8 à Coney Island[1], pénétrant avec aisance les arcanes abstrus de la pensée de Joyce, en dépit de cahots suffisamment violents pour faire sauter tous mes plombages.

Comprenez aussi que j'appartiens à cette rare élite qui pressentit instantanément, en présence de la première Buick compressée exposée au Musée d'Art Moderne, cette interpénétration subtile entre le fond et la forme qu'Odilon Redon lui-même aurait pu réaliser s'il avait renoncé à la délicate ambiguïté du pastel pour utiliser un marteau-pilon.

Je suis aussi, mes petits gars, l'un de ceux qui, dans un débordement de perspicacité, placèrent *En attendant Godot* dans une juste perspective pour les innombrables spectateurs interloqués qui se traînaient lamentablement dans le foyer du théâtre pendant l'entracte, furieux de ne rien y comprendre

---

1. Célèbre parc d'attractions (N.d.T.).

d'être démunis d'arguments pour ou contre, bref de se sentir mentalement débiles.

Tout cela pour dire que j'entretiens avec le domaine artistique des rapports particulièrement étroits. Ajoutez à cela que je peux écouter huit stations de radio en même temps, et que de temps en temps, avec des amis, dans un sous-sol de Harlem, nous nous faisons passer les derniers bulletins météorologiques. Une fois même, un ouvrier agricole, un type laconique nommé Jess qui n'avait jamais fait d'études, nous interpréta avec beaucoup de sentiment les dernières cotations de la Bourse. Un grand moment artistique.

En conclusion, et pour bien cerner mon cas, notez que je suis un spectateur assidu des happenings et des premières de films underground, et que je collabore fréquemment à *Dans le vent* une revue intellectuelle et semestrielle consacrée aux idées les plus avancées en matière de cinéma et de pêche au lancer.

Si ces références ne suffisent pas à me faire surnommer Joe le Sensible, les frangins, moi, je mets la clé sous la porte.

Et pourtant, grâce à cette immense intuition qui suinte de moi comme du sirop d'érable sur des gaufres, je me remémorai récemment que je possède une faille culturelle, un talon d'Achille qui me va de la cheville à la nuque.

Cela commença à se manifester en janvier dernier, un soir où je me trouvais au bar de McGinni à Broadway, engouffrant une généreuse portion de tarte au fromage, et endurant, en même temps qu'un sentiment de culpabilité, l'impression cholestérique que mon aorte devenait aussi rigide qu'une crosse de hockey.

Installée auprès de moi au comptoir se trouvait une blonde à vous détraquer le système nerveux dont la poitrine se gonflait rythmiquement sous un chemisier noir translucide avec suffisamment d'ostentation pour inciter un boy-scout à la lycanthropie.

Pendant le premier quart d'heure, le thème principal de mon entrée en matière avait été « passez-moi la moutarde », en dépit de plusieurs tentatives de ma part pour susciter un peu plus d'intimité. En fait, elle m'avait bel et bien passé la moutarde, ce qui m'avait obligé à en tartiner un petit bout de mon gâteau au fromage pour justifier ma requête.

– Gentil petit bistrot, hasardai-je finalement, feignant la désinvolture de qui se soucie peu des convenances.

Ignorant que son ami jaloux venait d'entrer avec une opportunité digne de Laurel et Hardy et se tenait planté juste derrière moi, j'adressai à la blonde un long regard avide. Je me souviens encore d'avoir lancé une bonne plaisanterie sur le rapport Kinsey juste avant de tomber assommé.

Je me revois ensuite en train de courir dans la rue pour échapper à l'ire de ce qui semblait être un club de cousins siciliens déterminés à venger l'honneur de la jeune fille.

Je trouvai refuge dans la fraîche obscurité d'un cinéma où un dessin animé de Bugs Bunny et trois Librium ramenèrent mon système nerveux à son niveau habituel.

Puis vint un documentaire touristique sur la brousse de Nouvelle-Guinée, un sujet rivalisant

d'intérêt, selon mon échelle de valeurs, avec *la Formation des madrépores* ou *la Vie des pingouins.*
– Les primitifs, psalmodiait le commentateur, vivent encore aujourd'hui comme les hommes d'il y a un million d'années, chassant le sanglier (dont les standards de vie ne semblaient pas très élevés non plus) et le soir s'assoient autour du feu et reconstituent leur chasse en pantomime.

Pantomime.

Le mot me frappa avec la violence d'un éternuement. Car ici, il y avait une lézarde dans mon armure culturelle – la seule, certainement, mais qui m'avait tourmenté depuis ma prime enfance, depuis le jour où un mimodrame tiré du *Manteau* de Gogol avait totalement échappé à mon attention et m'avait convaincu que j'étais en train de regarder quatorze Russes faisant tout bonnement de la gymnastique.

La pantomime est toujours demeurée un mystère pour moi, aussi l'ai-je chassée de mon esprit, par une honte inconsciente. Mais ce soir-là, j'eus une rechute, et, à mon grand chagrin, aussi éprouvante que d'habitude. Je ne comprenais pas davantage les gesticulations frénétiques des chefs aborigènes de Nouvelle-Guinée que je n'avais compris Marcel Marceau dans le moindre de ces petits sketches comiques qui remplissent les foules d'une admiration illimitée.

Je me tortillais sur mon siège pendant que l'homme-de-la-jungle-tragédien-amateur chatouillait ses copains-primitifs, puis remplissait les feuilles d'impôts des anciens de la tribu ; à ce moment, je m'esquivai du cinéma dans un état d'abattement total.

De retour chez moi, j'éprouvai l'obsession de mon insuffisance. C'était la cruelle vérité : malgré mon flair de chien de chasse dans tous les domaines artistiques, il suffisait d'une soirée de mime pour faire de moi l'homme à la houe de Markham[1] : « Stupide, hébété, semblable au bœuf de labour. » J'éclatai d'une rage impuissante, mais une crampe soudaine dans la cuisse m'obligea à m'asseoir.

Après tout, me chapitrai-je, quelle forme de communication est-elle plus élémentaire que celle-ci ? Pourquoi cette forme de l'art semble-t-elle limpide à tout un chacun sauf moi ? J'essayai d'éclater à nouveau de rage impuissante, et cette fois-ci y parvins, mais j'habite un immeuble tranquille et petit-bourgeois, et quelques minutes plus tard, deux porte-parole rougeauds du commissariat de police se pointèrent pour m'informer qu'une telle explosion de rage impuissante pouvait me valoir une amende de cinq cents dollars, six mois de prison ferme, ou les deux.

Les ayant remerciés, je plongeai directement dans les draps, où ma lutte pour oublier dans le sommeil ma monstrueuse carence se résuma à huit heures d'une insomnie anxieuse, que je n'aurais pas souhaitée à Macbeth lui-même.

Un autre exemple (à vous glacer les os) de mon insuffisance mimétique se matérialisa quelques semaines plus tard, quand on glissa sous ma porte

---

1. Edwin Markham 1852-1940. Poète américain célèbre pour « *the man with the hoe* » (N.d.T.).

deux billets de faveur pour le théâtre – ma récompense pour avoir correctement identifié la voix de Frank Sinatra lors d'un jeu radiophonique quinze jours auparavant.

Le premier prix était une Bentley, et dans ma précipitation pour téléphoner au présentateur, j'avais jailli de ma baignoire entièrement nu. Saisissant le téléphone d'une main tandis que de l'autre je m'efforçais de couper la radio, je ricochai jusqu'au plafond, tandis que des étincelles crépitaient partout comme pour une exécution capitale. Ma seconde orbite autour du lustre fut interrompue par le tiroir ouvert d'un bureau Louis XV, que je heurtai tête la première, m'encastrant une moulure dorée dans la bouche.

Mon visage avait l'air d'avoir été compressé dans un moule à gaufre rococo ; j'arborais sur le sommet du crâne une bosse de la taille d'un œuf de pingouin, ce qui affecta quelque peu ma lucidité, me faisant arriver à la deuxième place derrière Mr Sleet Mazursky, alors, abandonnant tous mes rêves de Bentley, j'héritai de deux places gratuites pour une soirée théâtrale *Off Broadway*.

Le fait qu'un célèbre mime international fût au programme rafraîchit mes ardeurs jusqu'à la température d'une des calottes polaires, mais, dans l'espoir de conjurer la malédiction, je pris la décision d'y assister quand même.

Je fus incapable de trouver une fille pour m'accompagner pendant les six semaines précédant la représentation, alors je fis cadeau du deuxième billet à mon laveur de carreaux, Lars, un subalterne léthargique aussi frémissant de sensibilité artistique

que le Mur de Berlin. De prime abord, il crut que ce petit carton orange pouvait se manger, mais quand je lui eus expliqué qu'on le lui échangerait contre une soirée de pantomime – l'un des rares spectacles avec un incendie qu'il eût quelque chance d'apprécier – il me remercia avec effusion.

Le soir de la représentation, nous montâmes ensemble dans un taxi à damiers – moi en cape de soirée et Lars avec son seau – et, arrivant au théâtre, courûmes impétueusement à nos fauteuils. Là, j'étudiai le programme et appris avec quelque nervosité que le lever de rideau serait un court divertissement silencieux intitulé *Pique-nique à la campagne*.

Cela débuta quand un petit bout d'homme entra en scène, le visage tartiné de blanc d'Espagne et vêtu d'un collant noir. Tenue de pique-nique classique – je la portais moi-même l'an dernier lors d'un déjeuner sur l'herbe à Central Park, et en dehors de quelques adolescents mal embouchés qui la considérèrent comme un signal de moqueries, nul ne l'avait trouvée déplacée.

Le mime commença alors à déployer une couverture pour l'étendre sur l'herbe, et instantanément, mon vieux doute me reprit. Il pouvait aussi bien déployer une couverture que traire une chèvre. Ensuite, il ôta minutieusement ses chaussures, ce dont je ne suis pas certain, car il avala l'une d'elles et posta l'autre à destination de Pittsburgh.

Je dis *Pittsburgh*, mais je reconnais qu'il est difficile de mimer le concept de Pittsburgh, et après mûre réflexion, je suis maintenant persuadé qu'il ne mimait pas du tout Pittsburgh mais un homme pilotant un tricycle à travers une porte tournante – ou peut-être deux hommes en train de démonter une rotative d'imprimerie. Ce que tout ceci pouvait bien venir faire dans un pique-nique m'échappe totalement.

Le mime, après cela, commença de trier une série d'objets invisibles mais rectangulaires, manifestement très lourds, un peu comme la série complète de l'*Encyclopaedia Britannica*, qu'il tirait à mesure de son panier à pique-nique, quoique, de la façon dont il les manipulait, ç'aurait pu aussi bien être les membres du quartette à cordes de Budapest, ligotés et bâillonnés.

À partir de cet instant, à la surprise des mes proches voisins, je me mis à essayer, comme d'habitude, d'aider l'artiste à clarifier les détails de son action en supputant à haute voix ce qu'il pouvait bien être en train de faire exactement :

– Oreiller… gros oreiller… Coussin ? On dirait un coussin…

Ce genre de participation bénévole tourmente fréquemment le véritable amoureux du silence au théâtre, et j'ai remarqué dans des occasions semblables une nette tendance chez les spectateurs assis autour de moi à manifester leur désagrément sous des formes variées, allant de l'éloquent raclement de gorge jusqu'au coup de matraque sur la tête – j'en reçus un une fois d'une ménagère appartenant à la Ligue Culturelle de Manhasset. En cette occasion précise, une douairière ridée comme une momie me fractura les jointures d'un coup de lorgnette en m'admonestant : « Mets-la au frais, patate ! » Puis, s'échauffant, elle m'expliqua avec cette lente élocution patiente de qui s'adresse à un débile mental, que le mime exécutait des variations humoristiques sur les divers éléments qui compliquent traditionnellement la vie des pique-niqueurs : les fourmis, la pluie et le toujours désopilant ouvre-bouteille qu'on a oublié à la maison.

Provisoirement éclairé, je fus secoué d'hilarité à l'idée de cet homme excédé par l'absence d'un ouvre-bouteille, et m'émerveillai un grand moment des possibilités dramatiques illimitées de la situation.

Finalement, le mime commença à souffler du verre. À souffler du verre ou à faire des piqûres intraveineuses à une équipe de football – ou aux membres d'une chorale – ou à régler quelque machine à vapeur – ou encore à empailler un de ces immenses quadrupèdes fossiles, souvent amphibies et généralement herbivores, dont on a retrouvé les squelettes pétrifiés dans le nord du cercle arctique.

Maintenant, l'assistance se tordait de rire aux joyeusetés qui se déroulaient sur la scène. Jusqu'à ce primate de Lars qui essuyait ses larmes de joie avec son balai-éponge. Mais pour moi, c'était sans espoir. Plus j'essayais, moins je comprenais. La lassitude des capitaines vaincus s'empara de moi. J'ôtai mes chaussures et me réfugiai dans le sommeil.

Quand je revins à moi, deux femmes de ménage en train de nettoyer le balcon discutaient des avantages et des inconvénients de l'épanchement de synovie.

Rassemblant mes esprits sous la lumière parcimonieuse de l'éclairage de service, je resserrai ma cravate et filai dare-dare chez Riker, où un hamburger et un chocolat malté ne me donnèrent pas la moindre difficulté quant à leur signification, et pour la première fois ce soir-là, je rejetai le fardeau de ma culpabilité.

Aujourd'hui encore, je demeure culturellement incomplet, mais je travaille dur. Si jamais, lors d'un spectacle de mime, vous voyez un esthète loucher, se débattre et se parler à lui-même, venez me dire bonjour. Mais saisissez-moi au début du programme : je déteste être dérangé quand je dors.

POUR EN FINIR AVEC LA PSYCHANALYSE

Mr Allen, nous l'avons déjà vu, est un freudiste convaincu et fait souvent appel à l'onirisme pour expliciter sa pensée profonde, se livrant ainsi à une perpétuelle remise en question et à une auto-analyse permanente, exorcisant ainsi ses propres fantasmes.

Mais pour pouvoir pénétrer en toute sécurité les ténébreux arcanes du subconscient, il est nécessaire d'avoir des bases solides. Mr Allen n'a pas seulement étudié Freud, mais Charcot, Bernheim, Breuer, Jung, Adler, avec lesquels il avait d'ailleurs fini par former un septuor à cordes, c'est tout dire.

Ainsi quelle ne fut pas sa joie quand, par l'intermédiaire de sa vieille gouvernante allemande, il réussit à mettre la main sur un témoignage absolument précieux et rigoureusement éclairant en ce qui concerne l'âge d'or de la psychanalyse, cette science encore mal connue qui nous aide à nous mieux connaître.

ENTRETIENS AVEC HELMHOLTZ

Nous vous présentons ici quelques échantillons de conversations extraites du livre actuellement sous presse : *Entretiens avec Helmholtz*. Le docteur Helmholtz, maintenant presque nonagénaire, fut un contemporain de Freud, un pionnier de la psychanalyse et le fondateur de l'école de psychologie qui porte son nom. Il est universellement connu pour ses expériences sur le comportement, dans lesquelles il a démontré que la mort est un fait acquis.

Helmholtz réside dans une propriété campagnarde près de Lausanne, Suisse, avec son serviteur, Hrolf, et son chien danois, Rholf. Il passe la plupart de son temps à écrire, et révise actuellement son autobiographie, dans laquelle il avait oublié de s'inclure.

Les *Entretiens* furent réalisés pendant une période de plusieurs mois, entre Helmholtz et son étudiant et disciple Fears Hoffnung, que Helmholtz déteste au-delà de toute description, mais qu'il tolère parce qu'il lui apporte du nougat.

Leurs discussions abordèrent les sujets les plus variés, de la psychopathologie à la religion, de laquelle Helmholtz n'a pas encore réussi à obtenir une carte de crédit.

Le Maître, ainsi que le qualifie Hoffnung, ressort comme un être humain chaleureux et perceptif, qui se plaît à déclarer qu'il donnerait volontiers la somme de travail de toute sa vie s'il pouvait seulement être débarrassé de son acné. Plaisanterie de grand savant.

*

1er avril :

Arrivé chez Helmholtz à dix heures précises du matin. La servante me dit que le docteur était dans sa chambre en train de *trier*. Dans la fébrilité où j'étais, je crus qu'elle avait dit que le docteur était dans sa chambre en train de *prier*. Mais comme cela se confirma rapidement, j'avais bien entendu et Helmholtz triait des céréales.

Il tenait dans ses mains de grosses poignées de graines et les entassait un peu au hasard en plusieurs tas. Comme je m'en étonnais, il se borna à dire :

– Ach ! Si seulement tout le monde triait des céréales !

Réponse qui m'étonna quelque peu, mais je jugeai préférable de ne pas approfondir le sujet. Lorsqu'il s'étendit sur son divan de cuir, je l'interrogeai sur l'époque héroïque de la psychanalyse.

– Quand je fis la connaissance de Freud, je travaillais déjà à mes propres théories. Freud, lui, était dans la boulangerie. Je veux dire qu'il était entré dans une boulangerie pour acheter des kouglofs, mais n'y parvenait pas. Comme vous le savez probablement, Freud était incapable de prononcer correctement le mot *kouglof*. « Donnez-moi quelques-uns de ces petits gâteaux aux raisins en forme de couronne », dit-il au boulanger en les montrant du doigt. Le boulanger dit sans malice : « Vous voulez dire des kouglofs, Herr Professor ? » Là-dessus, Freud devint cramoisi et prit rapidement la porte en marmonnant : « Euh, non, rien, aucune importance ! » J'achetai les pâtisseries sans la moindre difficulté et courus les apporter à Freud en hommage. Nous devînmes bons amis. J'ai toujours eu la conviction depuis cet incident que certaines personnes ont honte de prononcer certains mots… Y a-t-il quelques mots qui vous embarrassent ?

Je révélai au docteur Helmholtz que j'étais incapable de commander une langoustomate (une tomate farcie à la langouste) dans un certain restaurant dont c'était la spécialité. Helmholtz décréta qu'il s'agissait d'un mot particulièrement imbécile, et émit le souhait de griffer la figure du crétin qui l'avait inventé.

La conversation revint sur Freud, qui semble dominer chaque pensée d'Helmholtz, bien que les deux hommes se haïssent mortellement depuis une discussion au sujet d'un brin de persil.

– Je me souviens d'un cas traité par Freud. Edna S. Paralysie hystérique des narines. Elle était incapable d'imiter un lapin quand ses amis le lui demandaient. Ceci provoquait une intense anxiété parmi ses proches, qui étaient souvent cruels : « Allons, Liebchen, montre-nous comme tu fais bien le petit lapin ! » Alors, tous fronçaient aisément leurs narines, au grand amusement de la compagnie. Sauf elle.

« Freud la fit venir à son cabinet pour une série de séances d'analyse, mais quelque chose alla de travers, et au lieu d'opérer un transfert sur Freud, comme cela se passe ordinairement, elle opéra un transfert sur son porte-manteau, un énorme meuble en bois qui se trouvait dans un coin de la pièce. Freud fut pris de panique, car à cette époque, l'on considérait la psychanalyse avec scepticisme, et le jour où la jeune fille partit en croisière avec le porte-manteau, Freud fit le serment d'abandonner le métier.

« En fait, pendant un moment, il joua sérieusement avec l'idée de devenir acrobate de cirque, jusqu'à ce que Ferenczi l'ait convaincu preuves à l'appui qu'il ne parviendrait jamais à exécuter le double saut périlleux correctement. »

Je constatai que Helmholtz était gagné par l'assoupissement, car il avait glissé de sa chaise sous la table, où il ronflait. Ne voulant pas abuser de sa gentillesse, je sortis sur la pointe des pieds.

5 avril :

Arrivé et trouvé Helmholtz faisant ses exercices au violon. (C'est un merveilleux violoniste amateur, bien qu'il ne sache pas lire la musique et ne joue qu'une seule note.) Cette fois encore, Helmholtz évoqua quelques problèmes des débuts de la psychanalyse.

– Tout le monde essayait de s'insinuer dans les bonnes grâces de Freud. Rank était jaloux de Jones. Jones enviait Brill. Brill était tellement ennuyé par la présence d'Adler qu'il lui cacha son feutre taupé. Une fois, Freud, qui avait des caramels mous dans sa poche, en offrit un à Jung. Ceci rendit Rank furieux. Il vint pleurnicher auprès de moi parce que Freud favorisait Jung. Particulièrement dans les distributions de bonbons. Je me gardai de prendre son parti, car je n'aimais pas spécialement Rank depuis qu'il avait fait une allusion à mon article *De l'euphorie chez les gastéropodes* comme « le zénith du raisonnement mongolien ».

« Des années plus tard, Rank me remémora cet incident alors que nous excursionnions dans les Alpes. Je lui rappelai combien il s'était sottement conduit à l'époque, et il reconnut avoir été sous le coup d'une trop grande tension nerveuse, parce que son prénom, Otto, s'écrivait de la même façon dans les deux sens, ce qui l'avait déprimé. »

Helmholtz m'invita à dîner. Nous prîmes place à une grande table de chêne qu'il dit lui avoir été donnée par Greta Garbo, bien que celle-ci prétende ne pas le connaître, pas plus qu'Helmholtz d'ailleurs.

Un repas typique chez Helmholtz se compose comme suit : un gros raisin sec, une généreuse portion de lard gras et une boîte individuelle de saumon. Après le dîner, on apporta des infusions, et Helmholtz sortit sa collection de papillons laqués, qui provoquèrent chez lui quelque nervosité quand ils refusèrent de s'envoler.

Plus tard, au salon, Helmholtz et moi nous détendîmes en fumant des cigares. (Helmholtz avait oublié d'allumer le sien, mais tirait si fort dessus qu'il diminuait quand même.) Nous nous entretînmes de quelques-uns des cas les plus célèbres du Maître.

– Il y a eu Joachim B. Un homme d'une quarantaine d'années qui ne pouvait pas entrer dans une pièce où se trouvait un violoncelle. Mais le pire, c'est que lorsqu'il était parvenu à pénétrer dans une pièce où il y avait un violoncelle, il ne pouvait plus en sortir, à moins d'en être prié par un membre de la famille Rothschild !

«En plus de ça, Joachim bégayait. Mais pas quand il parlait. Seulement quand il écrivait. S'il écrivait le mot *mais* par exemple, cela donnait dans sa lettre : *m-m-m-m-m-mais*. Ce handicap le traumatisait au point qu'il tenta de se suicider en s'étouffant avec une crêpe.

«C'est-à-dire qu'il confectionna une gigantesque crêpe au sucre et s'enferma dedans. Heureusement, il se rata.

«Je le soignai par l'hypnose, grâce à quoi il put continuer à vivre normalement, en dépit de quelques fantasmes mineurs : il rencontrait tout le temps un cheval qui lui conseillait d'embrasser la carrière d'architecte.»

Helmholtz me parla ensuite du célèbre satyre V., qui, pendant toute une période, fit régner la terreur à Londres.

– Un cas de perversion tout à fait particulier. Il avait une vision sexuelle récurrente : il était humilié par un groupe d'anthropologues qui l'obligeaient

310

à marcher en arquant les jambes, ce qui, me confessa-t-il, lui procurait un intense plaisir sexuel.

« Il se rappelait, alors qu'il était enfant, avoir surpris la femme de ménage de ses parents, une fille aux mœurs relâchées, en train d'embrasser une botte de cresson, ce qu'il trouva érotique. Plus tard, adolescent, il avait été puni pour avoir verni la tête de son petit frère, parce que son père, peintre en bâtiment professionnel, lui reprochait de n'avoir passé qu'une seule couche sur le gamin.

« V. attaqua sa première femme à dix-huit ans, et par la suite en violenta une demi-douzaine par semaine pendant des années. Mon meilleur résultat thérapeutique avec lui fut de remplacer ses tendances agressives par des habitudes plus acceptables socialement ; c'est ainsi que, par la suite, quand il rencontrait par hasard une femme sans défense, au lieu de lui sauter dessus, il ouvrait son manteau, en sortait un gros turbot et le lui exhibait. Bien que la vision inopinée du poisson provoquât chez quelques-unes une certaine consternation, les femmes ne subissaient plus aucune violence, et certaines même confessèrent plus tard que cette expérience avait considérablement enrichi leur vie. »

12 avril :

Cette fois-ci, Helmholtz ne se sentait pas très bien. La veille, il s'était perdu dans une prairie et avait glissé sur des poires blettes. Bien qu'il fût cloué au lit, il se redressa sur ses oreillers à mon entrée et alla jusqu'à rire quand je lui dis que j'avais un abcès mal placé.

Nous discutâmes sa théorie de la psychologie inversée, qu'il avait découverte peu après la mort de Freud. (La mort de Freud, selon Ernest Jones, causa la rupture définitive des relations entre Helmholtz et Freud. La preuve en est que les deux hommes s'adressèrent rarement la parole par la suite.)

À cette époque, Helmholtz avait réussi une expérience dans laquelle il agitait une petite sonnette ; aussitôt un couple de souris blanches escortait Mr Helmholtz jusqu'à la porte et le guidait jusqu'au trottoir.

Il accomplit ainsi quantité d'expériences passionnantes sur le comportement, et ne les interrompit que lorsqu'un chien entraîné à saliver par la queue refusa de le laisser entrer dans la maison. On lui doit également une étude demeurée classique sur le *Rire nerveux chez le caribou.*

– C'est exact, j'ai fondé l'école de la psychologie inversée. Presque accidentellement, par le fait. Ma femme et moi étions couchés, bien au chaud, quand j'eus brusquement envie d'un verre d'eau. Trop nonchalant pour aller le chercher moi-même, je demandai à Mama Helmholtz de me l'apporter. Elle refusa, disant qu'elle était recrue de fatigue pour avoir écossé des petits pois toute la journée. Finalement, je dis : «Je n'ai pas vraiment envie d'un verre d'eau. En fait, un verre d'eau est bien la dernière des choses dont j'aie envie !» À cela, ma femme bondit hors du lit et dit : «Ah, tu ne veux

312

pas d'eau, hein ? C'est vraiment dommage ! » Et elle s'empressa de m'en apporter un verre.

« J'essayai de discuter de cet incident avec Freud lors du pique-nique annuel des psychanalystes à Berlin, mais il était le coéquipier de Jung pour la course à la brouette et était trop absorbé par les festivités pour m'écouter.

« Ce ne fut que plusieurs années plus tard que je découvris l'utilisation de ce principe pour le traitement de la dépression nerveuse, et je fus assez heureux pour guérir le grand chanteur d'opéra J. de l'appréhension morbide qu'il se métamorphoserait un jour en bourriche. »

18 avril :

Arrivé et trouvé Helmholtz en train de tailler ses rosiers. Il s'étendit éloquemment sur la beauté des fleurs, qu'il aime « parce qu'elles ne passent pas leur temps à emprunter de l'argent ».

Nous parlâmes de la psychanalyse contemporaine, qu'Helmholtz considère comme un mythe entretenu par les fabricants de divans.

– Ces analystes modernes ! Ils ne s'embêtent pas ! De mon temps, Freud lui-même vous aurait soigné pour cinq marks. Pour dix marks, il vous aurait soigné et il aurait repassé vos pantalons. Pour quinze marks, Freud *vous* aurait laisser *le* soigner, et vous auriez eu le choix entre deux légumes !

« Trente dollars de l'heure ! Cinquante dollars de l'heure ! Le Kaiser n'en touchait que douze et demi pour être le Kaiser ! Et il devait aller travailler à pied !

« Et la durée du traitement ! Deux ans ! Cinq ans ! À l'époque, si nous n'avions pas été capables de guérir un patient en six mois, nous lui aurions rendu son argent, nous l'aurions emmené au music-hall, et nous lui aurions fait cadeau soit d'une coupe à fruits en acajou, soit d'un service de couteaux de cuisine en acier inoxydable !

« Je me rappelle qu'on reconnaissait toujours les patients que Jung n'avait pas pu guérir, car il leur donnait de gros ours en peluche. »

Nous marchions dans l'allée du jardin, et Helmholtz se tourna vers d'autres sujets d'intérêt. Il était une véritable mine de connaissances, et je réussis à noter quelques-unes de ses meilleures sentences.

Sur la condition humaine : Si l'homme était immortel, réalisez-vous le total de ses notes d'épicerie ?

Sur la religion : Bien que je ne croie pas à une vie future, j'emporterai quand même des sous-vêtements de rechange.

Sur la littérature : Toute la littérature n'est qu'une note en bas de page de *Faust*. Je n'ai pas la moindre idée de ce que j'entends par là.

Je suis convaincu qu'Helmholtz est un très grand homme.

POUR EN FINIR AVEC LES RÉVOLUTIONS EN AMÉRIQUE LATINE

De Karl Marx à Che Guevara, l'idéal révolution-naire a eu ses pionniers, ses héros et ses martyrs. De 1789 à mai 68, la France a connu elle aussi ses bouleversements contestataires. La Russie tsariste n'a pas été à l'abri de la Révolution d'Octobre, mais le pays qui, statistiquement parlant, a connu le plus grand nombre de soulèvements, tant popu-laires que militaires, est sans nul doute l'Amérique latine, au point que des humoristes sans vergogne en ont fait des gorges chaudes.

Les humoristes avaient tort. Les révolutions sont des choses sérieuses, puisqu'elles sont le témoi-gnage d'un idéal.

Mr Allen, cet esprit supérieur entre tous, à qui aucun problème politique ou philosophique n'échappe jamais sans qu'il en ait au préalable fait consciencieu-sement le tour, a étudié – pour la première fois au monde – le phénomène révolutionnaire de l'intérieur.

Désormais, plus personne ne pourra plus jamais parler d'une quelconque révolution en Amérique latine sans se référer au texte que voici :

VIVA VARGAS !

(*Extraits du journal d'un révolutionnaire.*)

3 juin :

Viva Vargas. Aujourd'hui, nous avons pris le maquis dans les collines. Humiliés et écœurés par la façon éhontée dont le régime corrompu d'Arroyo exploite notre petit pays, nous avons envoyé Julio au palais avec une liste de nos griefs et revendications, tous justifiés à mon sens.

Il se trouva que l'emploi du temps surchargé d'Arroyo ne lui permit pas de cesser de se faire éventer si peu que ce soit pendant sa sieste pour recevoir notre cher émissaire rebelle, aussi fit-il répercuter tout le dossier à son Premier ministre, lequel dit qu'il donnerait toute sa considération à notre pétition, mais qu'auparavant, il désirait voir combien de temps Julio pourrait garder le sourire, une fois sa tête recouverte de lave en fusion.

À cause d'innombrables indignités semblables, nous avons enfin, sous la conduite inspirée d'Emilio Molina Vargas, décidé de prendre notre destin dans nos propres mains. Si nous devons trahir, avons-nous déclaré à droite et à gauche, trahissons complètement.

J'étais malencontreusement en train de me prélasser dans mon tub quand on m'avertit que la police serait bientôt là pour me pendre. Sortant de mon bain avec un empressement compréhensible, je posai le pied sur la savonnette humide et dégringolai jusque dans le patio, amortissant heureusement ma chute avec mes dents, qui s'éparpillèrent sur le sol comme un cornet de dragées.

Bien qu'étant nu et contusionné, mon instinct de conservation m'ordonna de faire vite, et enfourchant aussitôt El Diablo, mon étalon, je poussai à pleins poumons le cri des rebelles ! Le cheval se cabra et je repris contact avec le dallage, où je me fracturai plusieurs petits os.

Comme si tout cela n'était pas assez accablant, j'avais à peine parcouru vingt mètres à pied que je me rappelai ma presse à imprimer ! Peu désireux de laisser derrière moi une preuve aussi évidente de mes activités politiques, je fis demi-tour pour la récupérer.

Naturellement, la malchance voulut que l'objet fût plus lourd qu'il n'en avait l'air et, pour le soulever, il aurait mieux valu une grue qu'un étudiant de quarante-huit kilos. Quand la police arriva, ma main était coincée dans la machine, qui tournait sans contrôle, imprimant des passages de Marx sur mon dos nu.

Ne me demandez pas comment je réussis à m'échapper en voltige à travers une fenêtre de derrière. Par chance, j'évitai la police et me frayai un chemin vers la sécurité du camp de Vargas.

4 juin :

Comme tout est paisible ici dans les collines ! La vie au grand air sous les étoiles ! Un groupe d'hommes dévoués, travaillant tous ensemble dans un but commun !

Bien que je brûlasse du désir d'entrer en campagne, Vargas jugea que mes dons pourraient mieux être mis en valeur si je devenais le cuisinier de la compagnie. Ce n'est pas un travail facile quand les vivres sont rares, mais il faut bien que quelqu'un le fasse, et tout bien considéré, mon premier repas fut un grand succès, bien que la plupart des hommes fussent assez réticents envers le monstre de Gila[1] mais ce n'était pas le moment de faire les délicats, et à l'exception de quelques pauvres mesquins qui ne peuvent souffrir aucun reptile, le dîner se déroula sans incident.

Aujourd'hui, j'ai surpris par hasard quelques paroles de Vargas et il est tout à fait confiant en notre avenir. Il a la certitude que nous prendrons le contrôle de la capitale vers décembre.

Son frère Luis, par contre, un homme réfléchi de nature, pense que d'ici quelque temps, nous serons tous morts de faim…

Les frères Vargas discutent constamment de la stratégie militaire ou de la philosophie politique, et on a peine à imaginer que ces deux grands chefs rebelles étaient encore la semaine dernière garçons de bains au *Hilton* local.

Pendant ce temps, nous attendons.

---

1. *Gila monster :* ou héloderme. Grand lézard venimeux d'Amérique centrale, comparable à l'iguane (N.d.T.).

10 juin :

Journée consacrée à l'exercice. C'est miraculeux de voir comment la bande de guérilleros minables que nous étions s'est transformée en une armée surentraînée. Ce matin, Hernandez et moi nous sommes exercés à la machette, notre couteau-à-couper-la-canne-à-sucre-aiguisé-comme-un-rasoir, et, suite à un accès de zèle de mon partenaire, je découvris à cette occasion que mon sang était du groupe 0.

La pire des choses, c'est l'attente. Arturo possède bien une guitare, mais tout ce qu'il sait jouer, c'est *Cielito lindo* et, bien que les hommes l'apprécient beaucoup la première fois, ils demandent rarement un bis.

J'ai essayé de trouver une nouvelle préparation pour le monstre de Gila, et je crois que les hommes se sont régalés, bien que quelques-uns aient dû mâcher dur et rejeter la tête en arrière pour déglutir plus facilement.

J'ai encore entendu Vargas par hasard aujourd'hui. Lui et son frère élaboraient leurs plans pour quand nous aurions pris la capitale. Je me demande quel poste il me réserve lorsque la révolution aura vaincu. Je suis très confiant. Ma fidélité farouche, quasi canine, trouvera sa récompense.

1er juillet :

Quelques-uns de nos meilleurs hommes ont attaqué un village aujourd'hui, pour se procurer de la nourriture, et aussi pour expérimenter la plupart des tactiques que nous avons élaborées. La plupart des rebelles s'acquittèrent à merveille de leur tâche, et bien que le groupe ait été entièrement massacré, Vargas considère cela comme une victoire morale.

Ceux d'entre nous qui ne participaient pas au raid sont restés assis dans le camp autour d'Arturo qui nous régalait de quelques *Cielito lindo*.

Le moral demeure élevé, bien que la nourriture et les armes soient pratiquement inexistantes, et le temps s'écoule lentement. Heureusement, nous avons pour distraction la chaleur de cinquante-six degrés, qui, d'après moi, n'est pas pour rien dans les amusants gargouillements qu'émettent les hommes.

Notre temps viendra.

10 juillet :

Cette journée fut bonne dans l'ensemble, en dépit du fait que nous subîmes une embuscade des hommes d'Arroyo, qui nous décimèrent sévèrement. Ce fut en partie ma faute, car je révélai notre position en criant par inadvertance les noms de la Sainte-Trinité, au moment où une tarentule vint se promener sur ma jambe.

Pendant un bout de temps, je n'arrivai pas à déloger la tenace petite bête qui se frayait un passage dans les profondeurs secrètes de mes vêtements, m'incitant à pivoter frénétiquement du côté du fleuve puis à me précipiter dedans, ce qui me sembla durer quarante-cinq minutes.

Peu après, les soldats d'Arroyo ouvraient le feu sur nous. Nous combattîmes vaillamment, bien que le choc de la surprise eût causé un léger désordre et que pendant les dix premières minutes, nos hommes se tirèrent les uns sur les autres.

Vargas lui-même échappa de très peu à la catastrophe, quand une grenade dégoupillée lui roula sur le pied. Il m'ordonna de me laisser tomber dessus, conscient d'être le seul indispensable à notre cause ; je le fis. Grâces en soient rendues à la providence, la grenade n'explosa pas, et je m'en tirai sain et sauf, à part un léger tic facial et l'impossibilité de m'endormir tant que quelqu'un ne me tient pas la main.

15 juillet :

Le moral des hommes semble se maintenir, en dépit de quelques fléchissements mineurs. Tout d'abord, Miguel vola plusieurs missiles sol-sol, mais les confondit avec des missiles sol-air, et, quand il essaya d'abattre les avions d'Arroyo, il réduisit en poussière tous nos camions. Comme il essayait de prendre la chose à la plaisanterie, José éclata de fureur et ils se battirent. Plus tard, ils se raccommodèrent et désertèrent ensemble.

Incidemment, la désertion pourrait devenir un problème majeur, bien que jusqu'à maintenant l'optimisme et l'esprit d'équipe l'aient limitée à trois hommes sur quatre.

Quant à moi, naturellement, je demeure loyal et continue de faire la cuisine, mais les hommes ne semblent toujours pas apprécier la difficulté de cette fonction. À dire vrai, on m'a menacé de mort si je ne trouve pas un produit de remplacement au monstre de Gila. Quelquefois, les soldats sont si peu raisonnables ! Cependant je ne désespère pas, un jour prochain, de pouvoir les surprendre avec quelque mets nouveau.

En attendant, nous restons assis dans le camp et attendons. Vargas fait les cent pas dans sa tente et Arturo joue *Cielito lindo*.

1er août :

Bien que nous devions nous féliciter de beaucoup de choses, nul doute qu'une certaine tension se dessine actuellement au quartier général rebelle. De petites choses, perceptibles seulement à un œil exercé, indiquent une vague de fond de malaise. Tout d'abord, ce sont quantité de piques entre les hommes, et les disputes deviennent plus fréquentes.

De plus, une tentative de raid contre un dépôt de munitions afin de nous réarmer tourna à la déroute, quand la fusée d'alarme de Jorge éclata prématurément dans sa poche.

Tous les hommes furent repoussés, sauf Jorge, qui fut capturé à la fin d'une trajectoire pendant laquelle il avait rebondi successivement contre douze maisons comme une boule de billard électrique. Tilt.

De retour au camp, ce soir-là, quand j'apportai sur la table le monstre de Gila, les hommes se mutinèrent. Plusieurs d'entre eux m'immobilisèrent sur le sol pendant que Ramon me tapait dessus avec ma louche. Je fus miséricordieusement sauvé par un violent orage qui nous coûta trois vies.

Finalement, alors que la frustration atteignait son apogée, Arturo attaqua *Cielito lindo* et quelques-uns des moins mélomanes l'entraînèrent derrière un rocher et lui firent manger sa guitare.

On peut noter dans la colonne de l'actif, que l'envoyé diplomatique de Vargas, après plusieurs tentatives infructueuses, réussit à conclure un marché intéressant avec la C.I.A. par lequel, en échange de notre fidélité inébranlable envers eux, ils s'engagent à nous fournir cinquante poulets rôtis par semaine.

Vargas se rend compte maintenant qu'il s'était montré optimiste en prévoyant notre victoire pour décembre, et annonce qu'un succès vraiment total pourrait bien demander un peu plus de temps. Assez étrangement, il s'est désintéressé de ses graphiques et de ses cartes d'état-major et se repose presque entièrement sur l'astrologie et la lecture dans les entrailles des oiseaux.

12 août :

La situation vient de tourner au pire. Comme par hasard, les champignons que j'avais si soigneusement ramassés pour varier le menu se révélèrent vénéneux, et bien que l'unique conséquence notable fût quelques légères convulsions dont souffrirent la plupart des hommes, ils manifestèrent une amertume exagérée à mon sens.

Un malheur n'arrivant jamais seul, la C.I.A. a réévalué nos chances de réussir la révolution, et le résultat de cet examen fut qu'ils invitèrent Arroyo et tout son cabinet à un déjeuner de conciliation chez *Wolfie*, à Miami Beach.

Ceci, joint à un cadeau de vingt-quatre bombardiers à réaction, induisit Vargas à redouter un subtil renversement des alliances.

Malgré tout, le moral semble toujours assez élevé, et bien que le taux de désertion ait augmenté, il reste limité à ceux qui peuvent encore marcher.

Vargas lui-même paraît assez morose, et il a commencé d'économiser les bouts de ficelle. Il pense maintenant que la vie sous le régime d'Arroyo ne serait peut-être pas si terrible, et il se demande si nous ne devrions pas recycler les hommes qui nous restent, abandonner l'idéal révolutionnaire et former un orchestre de rumbas.

Pendant ce temps, les pluies torrentielles ont provoqué un glissement de la montagne, et les frères Juarez ont été entraînés dans un ravin pendant leur sommeil.

Nous avons dépêché un émissaire à Arroyo, avec une liste de revendications quelque peu modifiée, prenant soin de supprimer les articles concernant sa reddition sans conditions et de leur substituer une série de recettes sur la façon d'accommoder le monstre de Gila.

Je me demande comment vont tourner les événements.

15 août :

Nous avons pris la capitale ! Incroyable ! Détails suivent.

Après une interminable délibération, les hommes votèrent et décidèrent de placer nos derniers espoirs dans une mission-suicide, supposant que l'élément de surprise pourrait bien jouer en notre faveur pour déborder les forces supérieures d'Arroyo.

Alors que nous traversions la jungle, nous dirigeant vers le palais, la faim et la fatigue sapèrent peu à peu notre résolution, et, une fois arrivés à destination, nous décidâmes de renverser notre tactique.

Nous nous rendîmes donc aux gardes du palais, qui, à la pointe du fusil, nous amenèrent devant Arroyo. Le dictateur prit en considération la circonstance atténuante de notre reddition volontaire et, bien qu'il projetât quand même d'étriper Vargas, le reste de nous s'en tirerait en étant simplement écorchés vifs.

Réévaluant notre situation à la lumière de ce nouveau concept, nous succombâmes à la panique et nous égaillâmes dans tous les sens, tandis que la garde ouvrait le feu.

Vargas et moi courûmes au premier étage et, à la recherche d'une cachette, surgîmes dans le boudoir de Mme Arroyo, la surprenant dans un instant de passion illicite avec le propre frère d'Arroyo. Le couple fut d'abord assez traumatisé. Puis le frère d'Arroyo saisit son revolver et tira un coup.

À son insu, ce coup de feu fit l'effet d'un signal pour un groupe de mercenaires, que la C.I.A. avait embauchés pour aider Arroyo à se débarrasser de nous, en échange de la promesse d'Arroyo de laisser les États-Unis implanter dans le pays une chaîne de milk-bars.

Les mercenaires, trompés par la tournure des événements, attaquèrent le palais par erreur. Arroyo et son état-major soupçonnèrent évidemment une trahison de la C.I.A. et ouvrirent le feu sur les assaillants.

Parallèlement, un complot longuement mijoté par un groupe de maoïstes pour assassiner Arroyo fit long feu quand une bombe qu'ils avaient dissimulée dans un ananas explosa prématurément, détruisant l'aile gauche du palais, et expédiant la femme et le frère d'Arroyo dans les charpentes.

Saisissant une valise remplie de chéquiers suisses, Arroyo s'éclipsa par la poterne et sauta dans son avion à réaction. Son pilote réussit à décoller entre les coups de feu, mais, embrouillé par les événements mouvementés des dernières heures, il poussa le mauvais bouton et l'avion piqua du nez. Une seconde plus tard, il s'écrasait en plein milieu du camp des mercenaires, ravageant leurs rangs et provoquant leur reddition.

À travers tout cela, Vargas, notre chef bien-aimé, avait adopté une brillante tactique d'observation attentive, qui consista à s'accroupir, totalement immobile, auprès de la cheminée, assumant l'apparence d'un nègre décoratif en céramique.

Lorsque la situation fut assainie, il marcha sur la pointe des pieds jusqu'au bureau central et prit le pouvoir, ne s'arrêtant qu'un instant pour ouvrir le réfrigérateur royal et se fabriquer un sandwich au jambon.

Nous célébrâmes notre victoire toute la nuit, et je pris une sérieuse muflée. Plus tard, je m'entretins avec Vargas de la lourde tâche que représentait le gouvernement d'un pays. Bien qu'il croie fermement que des élections libres sont essentielles dans toute démocratie, il préfère attendre que le peuple soit un peu plus éduqué politiquement avant de le faire voter.

En attendant ce moment, il a découvert un système de gouvernement pratique, basé sur la monarchie de droit divin, et a récompensé mes bons et loyaux services en me laissant m'asseoir à sa droite pendant les repas.

En outre, il m'a nommé responsable du nettoyage des latrines.

POUR EN FINIR AVEC L'HISTOIRE
DES GRANDES DÉCOUVERTES HUMAINES

On a glosé sur la découverte du feu, sur celle de l'aviation. L'origine de la poudre à canon et celle du fil à couper le beurre n'ont pas encore cessé de faire couler de l'encre. Les statues géantes de l'île de Pâques, l'apparition du premier aurochs sculpté sur les parois d'une caverne, les cratères de la lune, autant de mystères qui excitent l'imagination des chercheurs.

Nous savons aujourd'hui que l'allumette suédoise a été inventée par Lundström, l'aspirine par Gerhardt et le rubis synthétique par Frémy.

D'autre part, l'histoire des grandes découvertes associe les noms de Leeuvenhoeck (bactéries), Bergès (houille blanche) et Mackintosh (imperméable en caoutchouc).

Mais, nous qui croyons être au fait de toutes les connaissances humaines, nous ne savons rien à part ce que nous savons, et nous ne savons pas grand-chose sur le savon, pour prendre un exemple simple.

Mr Allen, dont nous ne remercierons jamais assez

*le Ciel de l'avoir créé, se fait ici l'historiographe
d'une des inventions les plus extraordinaires qui
aient jamais été conçues par l'esprit humain, à qui
on ne saurait trop rendre hommage non plus.*

LA DÉCOUVERTE DE LA FAUSSE TACHE
D'ENCRE ET SON UTILISATION

Il n'y a aucune trace de l'apparition de la fausse tache d'encre dans l'hémisphère occidental avant 1921.

Toutefois l'on sait que Napoléon s'amusait énormément avec le « vibrateur facétieux », un petit dispositif caché dans la paume de la main qui provoquait un choc électrique quand on se disait bonjour. Napoléon offrait sa main impériale en signe d'amitié à quelque dignitaire étranger, puis éclatait d'un rire impérial au spectacle de sa dupe écarlate dansant une gigue improvisée au vif délice de la cour.

Le vibrateur facétieux subit de nombreuses modifications, desquelles la plus réputée apparut après l'introduction du chewing-gum par Santa Anna [1] (je suis persuadé que le chewing-gum, à l'origine, était simplement une préparation culinaire de sa femme qui n'arrivait pas à descendre) et prit la forme d'un

---

1. Antonio Lopez de Santa Anna, 1795-1867, révolutionnaire mexicain, général, président, puis dictateur (N.d.T.).

paquet de chewing-gum à la menthe équipé d'un mécanisme subtil rappelant celui de la souricière.

Le pigeon à qui l'on offrait une tablette de chewing-gum éprouvait une vive douleur quand la tapette métallique se détendait et pinçait ses doigts naïfs. La première réaction était généralement la souffrance, puis éclatait une hilarité contagieuse, le tout aboutissant à une certaine forme de sagesse populaire. Le gag du chewing-gum pinceur, ce n'est plus un secret pour personne, a considérablement détendu l'atmosphère à la bataille de Fort Alamo ; bien qu'il n'y ait eu aucun survivant, la plupart des historiens croient que les choses eussent pu être bien pires sans cet ingénieux petit truc.

Quand éclata la guerre de Sécession, les Américains cherchèrent de plus en plus à s'étourdir pour oublier les horreurs d'un pays partagé par une lutte fratricide ; mais alors que les généraux nordistes préféraient se divertir avec le verre baveur, Robert E. Lee surmonta quelques moments cruciaux grâce à sa brillante utilisation de la fleur arroseuse.

Au tout début de la guerre, nul ne pouvait s'approcher de Lee pour humer le délicat parfum de l'œillet piqué à son revers, sans recevoir dans l'œil une généreuse giclée d'eau de la Swanee River.

Puis les choses empirèrent pour le camp sudiste, et Lee, abandonnant une farce qui commençait à avoir fait son temps, se contenta désormais de déposer un coussin à clous sur les sièges des gens qu'il n'aimait pas.

Après la guerre et jusqu'aux années 1900 – la triste époque des « barons voleurs » – la poudre à éternuer, ainsi qu'une petite boîte à dragées qui, lorsqu'on l'ouvrait, projetait d'immenses serpents à ressort au visage de la victime, furent les deux seules inventions notables dans le domaine de la farce et attrape. On raconte que John Pierpont Morgan préférait la première, alors que Rockefeller se sentait plus à l'aise avec l'autre.

Puis, en 1921, un groupe de biologistes, réunis à Hong Kong pour y acheter des costumes, découvrirent la tache d'encre factice !

Cet objet avait depuis longtemps fait florès dans le répertoire des divertissements orientaux, et plusieurs dynasties ne conservèrent le pouvoir que grâce à leur judicieuse utilisation de ce qui semblait être une bouteille renversée et une vilaine tache d'encre. Mais en réalité, la tache était en métal.

Les premières taches d'encre, m'a-t-on révélé, étaient frustes, d'aspect grossier, mesuraient sept mètres de diamètre et ne trompaient personne.

Toutefois, avec la découverte du concept de la miniaturisation par un physicien suisse (qui trouva qu'un objet d'une taille quelconque pouvait être réduit simplement « en le faisant moins grand ») la tache d'encre factice put entamer une brillante carrière.

Elle vola de ses propres ailes jusqu'en 1934, quand Franklin Delano Roosevelt la fit atterrir et la rangea quelque part. Roosevelt l'employa habilement pour briser une grève en Pennsylvanie ; les détails de l'événement sont amusants. Les chefs des grévistes et les directeurs des aciéries, convaincus qu'une bouteille d'encre avait été renversée sur un inestimable canapé Empire, s'en renvoyaient mutuellement la responsabilité, et nul ne voulait renoncer à ses positions. Imaginez leur soulagement quand ils apprirent que ce n'était qu'une bonne farce. Trois jours plus tard, les hauts fourneaux tournaient à plein.

POUR EN FINIR
AVEC LES ROMANS POLICIERS

Nous ne sommes que des êtres humains, après tout, et il n'y a pas de honte à éprouver lorsque, entre le dernier livre de Spinoza et la nouvelle pièce de Marguerite Duras, nous nous plongeons, pour lire enfin quelque chose d'intéressant, dans un roman policier.

Un bon roman policier, s'entend, car il y a de bons romans policiers et de mauvais romans policiers, comme il y a de bons Marguerite Duras et... non, cet exemple ne vaut rien.

Les héros des romans policiers nous sont si familiers qu'on a l'impression de les avoir toujours connus. Hercule Poirot, Phil Marlowe, Sherlock Holmes, Arsène Lupin. Et puis il y a aussi Arsène Lupin et Phil Marlowe... et encore Hercule Poirot, et bien d'autres... Hercule Poirot, et aussi... enfin, abrégeons une liste qui risque de devenir interminable.

Le rêve de tout auteur de romans policiers, depuis que le genre existe, c'est de découvrir une intrigue rigoureusement inédite, n'ayant encore jamais été exploitée par personne. Tous ont essayé, et la plupart s'y sont cassé les dents. Enfin, presque.

Parce que, et c'est là que nous voulions en venir, l'illustre auteur de romans policiers, Mr Allen, vient d'écrire un roman policier dont le héros n'est point sans rappeler le Mike Hammer de Mickey Spillane, mais dont l'intrigue est parfaitement géniale. Attachez vos ceintures.

LE BIG BOSS

J'étais dans mon bureau en train de retirer plein de détritus du canon de mon 38 tout en me demandant quelle serait ma prochaine enquête. J'aime bien mon boulot de flic privé. Il a ses inconvénients, c'est certain, et il m'est arrivé une fois ou deux de me faire masser les gencives à coups de cric, mais quand je renifle la suave odeur des billets de banque, je me dis qu'il a aussi ses avantages.

Je ne parle même pas des nanas, que je place parmi mes préoccupations mineures, juste après l'acte de respirer. Voilà pourquoi, quand la porte de mon bureau s'est ouverte et qu'une blonde aux longs cheveux intitulée Heather Butkiss est entrée à grands pas m'a dit qu'elle était mannequin nu et avait besoin de mes services, deux jets de vapeur sortirent de mes oreilles.

Elle portait une mini-jupe, un pull collant, et sa silhouette décrivait un ensemble de paraboles qui auraient rendu un bœuf cardiaque.

– Qu'est-ce que je peux faire pour vous, poupée ?
– Je veux que vous retrouviez quelqu'un.

– Personne disparue. Avez-vous essayé de demander à la police ?

– Pas exactement, Mr Lupowitz.

– Appelez-moi Kaiser, chérie. Alors, qui est le mec en cavale ?

– Dieu.

– Dieu ?

– C'est bien ça, Dieu. Le Créateur. Le Principe Universel. L'Être Suprême. Le Tout-Puissant. Je veux que vous me Le trouviez.

J'avais vu suffisamment de morceaux de choix défiler dans ce bureau pour être blasé, mais quand une fille était bâtie comme elle, on l'écoutait jusqu'au bout.

– Pourquoi ?

– Ça Kaiser, c'est mon affaire. Contentez-vous de Le trouver.

– Désolé, mon minou, je ne peux pas vous aider.

– Mais pourquoi ?

– … avant d'avoir tous les éléments, achevai-je précipitamment.

– D'accord, d'accord, dit-elle, mordillant sa lèvre inférieure.

Elle a redressé longuement la couture de ses bas, pour mon édification personnelle, mais quand je travaille, je travaille. On verrait plus tard.

– Restons dans le sujet, ma jolie.

– Eh bien, à la vérité… Je ne suis pas vraiment mannequin nu.

– Ah non ?

– Non. Je ne m'appelle pas Hearther Butkiss non plus. Mon nom est Claire Rosensweig, et je suis étudiante à Vassar. Section philosophie. Histoire de la pensée occidentale et tout ça. Je dois remettre un exposé en janvier, sur la Religion. Tous les autres élèves vont remettre des études théoriques, mais moi, je veux *savoir* ! Le professeur Grebanier a dit que si quelqu'un découvre la vérité, il a une certitude d'être reçu avec mention. Et mon père m'a promis une Mercédès si j'y arrive.

J'ai pris une Lucky dans le paquet, dépiauté une tablette de chewing-gum, mastiqué la première et fumé l'autre. Son histoire commençait à m'intéresser. Une collégienne trop gâtée. Un quotient intellectuel aussi développé que son corps.

– Votre Dieu, à quoi Il ressemble au juste ?

– Je ne L'ai jamais vu.

– Alors, comment savez-vous qu'Il existe ?

– Ça, c'est à vous de le découvrir.

– Ah, bon, bravo ! Alors vous ne savez pas de quoi Il a l'air ? Ni par où on peut commencer à chercher ?

– Non, pas vraiment. Toutefois je soupçonne qu'Il est partout. Dans l'air que nous respirons, dans les fleurs, dans vous et… dans cette chaise.

– Je vois.

Donc, elle était panthéiste. J'ai noté le fait mentalement et lui ai dit que je me pencherais sur son affaire, pour cent dollars par jour, plus les frais, plus un rendez-vous à dîner. Elle a souri et accepté le marché.

Nous sommes descendus ensemble par l'ascenseur. Dehors, il commençait à faire nuit. Peut-être que Dieu existait, et peut-être pas, mais quelque part dans cette ville, il y avait sûrement des tas de gars qui allaient tout faire pour m'empêcher de trouver la vérité.

Mon premier coup de sonde a été pour le rabbi Itzak Wiseman, un ecclésiastique local qui me devait un service depuis le jour où j'avais découvert celui qui frottait du lard sur son chapeau. J'ai tout de suite vu que quelque chose clochait quand je l'ai interrogé. Il avait peur. Vraiment la trouille.

– Évidemment, il y a un vous-savez-quoi, mais je n'ai même pas la permission de prononcer Son nom, sinon Il me foudroierait. Entre nous, je ne pourrai jamais comprendre pourquoi quelqu'un se montre aussi susceptible dès qu'on prononce son nom.

– L'avez-vous jamais vu ?

– Moi ? Vous blaguez ! C'est déjà un miracle quand j'arrive à voir mes petits-enfants !

– Dans ce cas, comment savez-vous qu'Il existe ?

– Comment je le sais ? En voilà une question ! Est-ce que je pourrais me payer des complets à quatorze dollars s'il n'y avait personne là-haut ? Allez, touchez-moi cette gabardine !… Comment peut-on douter ?

– Vous ne pouvez rien me dire de plus ?

– Et l'Ancien Testament, qu'est-ce que c'est ? De la viande hachée ? Comment croyez-vous que Moïse a fait sortir les Israélites d'Égypte ? Avec un sourire ? En dansant les claquettes ? Croyez-moi, ce n'est pas avec de la poudre de Perlimpinpin qu'on fait s'ouvrir la mer Rouge ! Il faut de la puissance !

– Alors, Il est costaud, hein ?

340

– C'est un dur. On pourrait quand même croire qu'avec tout le succès qu'Il se paye, Il devrait être plus gentil, mais non.

– Comment se fait-il que vous sachiez tout ça ?

– C'est parce que nous sommes la Race Élue. Il s'occupe davantage de nous que du reste de Ses enfants. J'aimerais bien discuter de ça un jour avec Lui à tête reposée.

– Combien Le payez-vous pour être les élus ?

– Si on vous le demande…

Alors, c'était bien ça. Les Juifs étaient mouillés avec Dieu jusqu'aux oreilles. C'était le vieux racket de protection. Il prenait soin d'eux tant qu'Il passait à la caisse. Et, à la façon dont parlait le rabbi Wiseman, les Juifs devaient drôlement L'arroser.

J'ai sauté dans un taxi et me suis pointé au club de billard de Danny, dans la Dixième Avenue. Le gérant était un petit mec mielleux que je ne pouvais pas piffer.

– Chicago Phil est là ?

– Ça dépend qui le demande.

Je l'accrochai par les revers, pinçant un peu de peau avec.

– Tu dis, pourriture ?

– Dans la salle de derrière, fit-il en changeant d'attitude.

Chicago Phil. Faussaire, piqueur de banques, gros-bras et ouvertement athée.

– Le niard n'a jamais existé, Kaiser. Renseignement de première main. Tout ça n'est que du bidon. Il n'y a pas de Big Boss. C'est un syndicat international. Avec une majorité de Siciliens. Mais il n'y a pas de Grand Patron actuellement. Sauf peut-être le pape.

– Il faut que je voie le pape.

– Ça peut s'arranger, fit-il en clignant de l'œil.

– Est-ce que tu connais le nom de Claire Rosensweig ?

– Non.

– Heather Butkiss ?

– Oh, attends une seconde. Bien sûr ! Cette blonde décolorée qui est en cheville avec les rigolos de Radcliffe.

– Radcliffe ? Elle m'a dit Vassar !

– Eh bien, elle a menti. Elle est prof à Radcliffe. Elle a été en ménage pendant un bout de temps avec un philosophe.

– Panthéiste ?

– Non, empiriste autant que je m'en souvienne. Un sale type. Il rejetait complètement Hegel et toute la méthodologie dialectique.

– Un de ceux-là, hein ?

– Ouais. D'abord, il a tenu la batterie dans un trio de jazz. Ensuite, il s'est entiché du positivisme logique. Et quand ça n'a plus marché, il s'est mis au pragmatisme. La dernière fois que j'en ai entendu parler, il avait volé du fric pour monter un cours sur Schopenhauer à Columbia. Les copains aimeraient bien le retrouver, ou mettre la main sur ses cahiers de textes pour les refourguer.

– Merci, Phil.

– Écoute-moi bien, Kaiser. Il n'y a personne au-dessus de nous. Que du vide. Je ne pourrais jamais refiler tous mes faux chèques ou truander le monde comme je le fais si j'avais la moindre conscience d'un Être Suprême. L'univers est strictement matérialiste. Rien n'est éternel. Tout ça est vide de sens.

– Qui a gagné la cinquième à Aqueduct[1] ?

– Santa Baby.

Ça, c'était du solide.

En vidant une bière chez O'Rourke, j'ai essayé de rassembler les morceaux du puzzle, mais ça n'avait aucun sens. Socrate s'était suicidé – c'est eux qui le disent. Le Christ avait été assassiné. Nietzsche était mort fou. Alors, s'il y avait quelqu'un responsable de tout ça, je comprenais bougrement bien qu'Il n'avait pas envie que ça se sache.

Et pourquoi Claire Rosensweig avait-elle menti au sujet de Vassar ? Descartes aurait-il eu raison ? L'univers était-il dualiste ? Ou Kant avait-il tapé dans le mille en émettant l'hypothèse de l'existence de Dieu pour des raisons morales ?

Ce soir-là, je suis allé dîner avec Claire. Dix minutes après qu'elle ait réglé l'addition, nous étions dans le même sac à viande, et mon pote, tout ce que vous imaginez est très loin de la vérité : elle m'a organisé une démonstration d'athlétisme sur barre fixe qui aurait remporté la médaille d'or aux Jeux Olympiques de Tia Juana.

Ensuite, elle s'est appuyée sur l'oreiller, tout contre moi, ses longs cheveux blonds répandus comme une coulée d'encaustique. Nos corps nus étaient encore enlacés. Je fumais en regardant le plafond.

---

1. Voir la note p. 87.

– Claire. Si Kierkegaard avait raison ?

– Que veux-tu dire ?

– Si on ne pouvait jamais *savoir*. Seulement avoir la foi.

– C'est absurde.

– Ne sois pas si rationaliste.

– Personne n'est rationaliste, Kaiser.

Elle a allumé une cigarette.

– Ne commence pas avec l'ontologie. Pas maintenant. Je ne pourrais pas supporter que tu sois ontologique avec moi, Kaiser.

Elle était bouleversée. Je me suis tourné vers elle pour l'embrasser, et le téléphone a sonné. Elle a décroché.

– C'est pour toi.

La voix au bout du fil était celle du sergent Reed, de la Brigade des Homicides.

– Vous cherchez toujours après Dieu ?

– Ouais.

– Un Être Tout-Puissant ? Infiniment Bon ? Infiniment Parfait, Créateur et Maître de Toutes Choses ?

– Vous y êtes.

– Quelqu'un répondant à cette description vient d'être apporté à la morgue. Vous feriez bien de venir jeter un coup d'œil.

C'était bien Lui, et rien qu'à regarder ce qu'il En restait, on reconnaissait un travail de professionnel.

– Il était mort quand on L'a amené.

– Où L'avez-vous trouvé ?

– Dans un entrepôt de Delancy Street.

– Des indices ?

344

– C'est le travail d'un existentialiste. Nous en sommes certains.

– Comment ça ?

– À la façon cafouilleuse dont il a été flingué. Ça a été fait sans aucun système cohérent. Par impulsion.

– Un crime passionnel ?

– Vous avez mis le doigt dessus. Et ça veut dire que vous êtes suspect, Kaiser.

– Pourquoi moi ?

– Tout le monde au commissariat connaît vos opinions sur Jaspers[1].

– Peut-être, mais ça ne fait pas de moi un assassin.

– Pas encore, mais vous êtes suspect.

Une fois dans la rue, aspirant l'air à pleins poumons, j'ai essayé de mettre de l'ordre dans mes idées. Un taxi m'a conduit jusqu'à Newark, et j'ai marché jusqu'au restaurant italien Giordino.

Là, attablé dans le fond, se trouvait Sa Sainteté. Parfaitement, le pape en personne, assis avec deux gars que j'avais déjà vus dans une demi-douzaine de séances d'identification chez les flics.

– Assieds-toi, m'a-t-il dit entre deux bouchées de fettucine.

Il m'a présenté sa bague. Je lui ai adressé mon sourire le plus dentu, mais n'ai pas embrassé l'anneau. Il a semblé embêté, ce qui m'a fait plaisir. Un point pour moi.

_____

1. Karl Jaspers, né en 1883, psychiatre et philosophe allemand (N.d.T.).

– Veux-tu un peu de fettucine ?

– Non, merci, Sainteté. Continuez, ne laissez pas refroidir.

– Tu ne veux rien ? Une petite salade ?

– Je sors de table.

– À ton aise, mais ici, ils font une merveilleuse sauce au roquefort. Ce n'est pas comme au Vatican. Là-bas, impossible d'avoir un repas convenable.

– Je n'irai pas par quatre chemins, Pontife. Je suis à la recherche de Dieu.

– Dans ce cas, tu as frappé à la bonne porte.

– Alors, Il existe ?

Trouvant ma question amusante, ils ont éclaté de rire en chœur. Le malfrat assis à côté de moi a dit :

– Ça, c'est quelque chose ! Ce gros malin veut savoir s'Il existe !

J'ai déplacé ma chaise pour être mieux installé, et avec l'un des pieds, lui ai écrasé comme par inadvertance le petit orteil.

– Oh, pardon !

Le mec bouillonnait, mais le pape a pris la parole :

– Bien sûr qu'Il existe, Lupowitz, mais je suis le seul à pouvoir communiquer avec Lui. Je Lui sers de porte-parole.

– Pourquoi vous, mon pote ?

– Parce que c'est moi qui porte le costume rouge.

– Cette défroque ?

– Touche pas avec tes doigts sales. Tous les matins, dès que je me lève, j'enfile le costume rouge et crac, boum, je suis une grosse légume. Tout est dans l'habit. Imagine une minute que je me balade en

346

falzar collant et en polo ! Que deviendrait la chrétienté ?

— L'opium du peuple ! C'est bien ce que je pensais, Dieu n'existe pas !

— Je l'ignore, mais qu'est-ce que ça peut bien faire du moment que la paye est bonne !

— Vous n'avez jamais peur que la blanchisserie ne vous rende pas vos fringues rouges à temps ? Vous ne seriez plus qu'un mec comme les autres !

— T'en fais pas, je prends le service rapide à la journée. Ça coûte un peu plus cher mais c'est plus sûr.

— Le nom de Claire Rosensweig, ça vous dit quelque chose ?

— Bien sûr. Elle est dans le service scientifique à Bryn Mawr.

— Scientifique, vous dites ? Merci.

— Pourquoi donc ?

— Pour votre réponse, Pontife !

J'ai pris un taxi, qui, après avoir traversé le George Washington Bridge, m'a déposé un instant à mon bureau. Là, j'ai fait une rapide vérification, puis me suis fait emmener chez Claire. Pendant le trajet, j'ai posé les morceaux les uns sur les autres, et pour la première fois, ils s'emboîtaient à la perfection.

Quand j'ai pénétré chez elle, elle portait un déshabillé diaphane et quelque chose semblait la turlupiner :

— Dieu est mort. La police sort d'ici. Ils te cherchent. Ils croient que c'est un existentialiste qui a fait le coup.

— Non, chérie. La coupable, c'est toi.

– Comment ? Ce n'est pas le moment de plaisanter, Kaiser !

– C'est toi qui as fait le coup.

– Qu'est-ce que tu dis ?

– Toi, mon ange. Ni Heather Butkiss ni Claire Rosensweig, mais le docteur Ellen Shepherd !

– Comment sais-tu mon nom ?

– Professeur de physique à Bryn Mawr. Le plus jeune prof a avoir jamais eu une chaire là-bas. Pendant la sauterie du dernier trimestre, tu t'es amourachée d'un batteur de jazz qui est féru de philosophie. Il est marié, mais ça ne t'arrête pas. Quelques parties de jambes en l'air et ça devient de l'amour. Mais il y a vite de l'eau dans le gaz à cause d'un tiers : Dieu ! Tu vois, bébé, ton mec avait la foi, ou désirait l'avoir, mais toi, avec ton mignon petit cerveau scientifique, tu avais besoin d'une certitude absolue !

– Non, Kaiser, je te le jure.

– Alors tu fais semblant d'étudier la philosophie parce que ça te donne la possibilité d'éliminer certains obstacles. Tu te débarrasses de Socrate assez facilement, mais Descartes prend la succession, alors tu te sers de Spinoza pour liquider Descartes, et puis lorsque Kant se pointe, il faut aussi que tu l'effaces.

– Tu dis n'importe quoi !

– Tu découpes Leibniz en rondelles, mais ça ne t'a pas encore suffi, parce que tu savais que si quelqu'un écoutait Blaise Pascal, tu étais cuite. Alors il a fallu que Pascal y passe aussi, mais c'est là que tu as commis une grosse erreur parce que tu as fait confiance à Martin Buber. Manque de pot, il croyait en Dieu, alors il a fallu que tu descendes Dieu Lui-même.

– Tu es fou, Kaiser !

– Non, mon biquet. Tu t'es fait passer pour une panthéiste, ce qui t'a donné tes entrées chez Lui – s'Il existait, et Il existait. Il t'a accompagnée à une surprise-party chez Shelby, et dès que Jason a eu le dos tourné, tu L'as tué.

– Mais qui sont ce Shelby et ce Jason ?

– Aucune importance. De toute façon, la vie est absurde.

– Kaiser, dit-elle, tremblant soudain, tu ne vas pas me livrer ?

– Oh, que si, poupée d'amour. Quand l'Être Suprême se fait flinguer, l'assassin se fait taper sur les doigts !

– Oh, Kaiser, nous pourrions partir ensemble, loin d'ici. Rien que toi et moi. Nous pourrions oublier la philosophie. Prendre un peu de repos, et plus tard, peut-être, nous mettre à la sémantique…

– Désolé, mon poussin bleu. Ça ne serait pas de jeu.

Elle était en larmes, maintenant ; elle a commencé de faire glisser les bretelles de son déshabillé, et elle s'est trouvée soudain nue devant moi, telle une Vénus dont le corps tout entier semblait crier : « Prends-moi, je suis à toi ! »

Une Vénus dont la main droite ébouriffait mes cheveux tandis que sa main gauche ramassait un 45 et me le pointait dans le dos.

Je lui ai balancé un lingot de mon 38 avant qu'elle n'ait pu appuyer sur la détente, et laissant tomber son arme, elle s'est pliée en deux avec un regard incrédule.

– Comment as-tu pu, Kaiser ?

Elle s'affaiblissait, aussi a-t-il fallu que je me dépêche pour lui balancer le reste de l'histoire :

– La manifestation de l'univers comme une idée complexe en elle-même, en opposition au fait d'être intérieur ou extérieur à sa propre Existence est inhérente au Néant conceptuel en relation avec toute forme abstraite existante, à exister ou ayant existé perpétuellement et non sujette aux lois de la physicalité ou à l'analyse des idées relatives au non-être ou à l'absence d'Essence objective ou subjective et tout ça.

Le concept était subtil, mais j'espère qu'elle l'a pigé avant de mourir.

Table

DIEU, SHAKESPEARE ET MOI

Préface 7

I. Études philosophiques et littéraires 15

    1. Premiers essais 17
    2. Sélection du Allen's Digest 23
    3. Les origines de l'argot 31
    4. Une exégèse littéraire 38
    5. Le génie irlandais 42
    6. Les parchemins 51

II. Traditions et croyances populaires 59

    7. Proverbes et sentences 61
    8. Animaux fabuleux 63
    9. Contes et légendes 67
    10. Études de divers phénomènes psychiques 71

III. Diverses formes de l'art 83

    11. Guide pour l'amateur de ballets 85

12. Lovborg et ses héroïnes 93
13. Si les impressionnistes avaient été dentistes 101

IV. *Contestation et répression* 109

14. Petit précis de désobéissance civile 111
15. Les problèmes policiers de l'inspecteur Ford 116
16. Call-Culture 126

V. *Manuscrits retrouvés au fond d'une boîte*
de petits pois 137

17. Pas de Kaddish pour Weinstein 139
18. Le bon vieux temps 148

POUR EN FINIR UNE BONNE FOIS POUR TOUTES
AVEC LA CULTURE

Pour en finir avec la critique freudienne 159

Les listes Metterling 161

Pour en finir avec la Mafia 171

La vérité sur la Mafia 173

Pour en finir avec les Mémoires de guerre . . . 181

Les mémoires de Schmidt 183

Pour en finir avec la philosophie 193

Ma philosophie 195

Pour en finir avec la biographie 203

La vie d'un sandwich 205

Pour en finir avec Ingmar Bergman 211

Le Huitième Sceau 213

*Pour en finir une bonne fois pour toutes
   avec la culture* 229

Le recyclage des adultes 231

Pour en finir avec la tradition judaïque 239

Légendes hassidéennes 241

Pour en finir avec le jeu d'échecs 249

La correspondance Gossage-Vardebedian 251

Pour en finir avec les régimes basses calories . 263

Réflexions du suralimenté 265

Pour en finir avec les livres de souvenirs 273

Souvenirs de jeunesse d'un esthète 275

Pour en finir avec les films d'épouvante 281

Le comte Dracula 283

Pour en finir avec les spectacles de mime 291

Parlez un peu plus fort, s'il vous plaît 293

Pour en finir avec la psychanalyse 303

Entretiens avec Helmholtz 305

Pour en finir avec les révolutions
en Amérique latine 315

Viva Vargas ! 317

Pour en finir avec l'histoire des grandes
découvertes humaines 329

La découverte de la fausse tache d'encre
et son utilisation 331

Pour en finir avec les romans policiers 335

Le Big Boss 337

DU MÊME AUTEUR

AUX MÊMES ÉDITIONS

Dieu, Shakespeare et moi
« Point-Virgule », n° 30, 1984
« Point », n° P2128

Pour en finir une bonne fois pour toutes avec la culture
« Point-Virgule », n° 38, 1986
et « Point », n° P2129

Destins tordus
« Point-Virgule », n° 58, 1988

**Tout ce que vous avez toujours voulu savoir
sur le sexe sans jamais oser le demander**
« Point-Virgule », n° 85, 1990

Hannah et ses sœurs
« Point-Virgule », n° 106, 1991

Crimes et Délits
« Point-Virgule », n° 131, 1993

Maris et Femmes
« Point-Virgule », n° 163, 1995

CHEZ D'AUTRES ÉDITEURS

Destins tordus
Laffont, 1991
et Robert Laffont, « Pavillons poche », 2006

Une aspirine pour deux
Avant-Scène, 1992

Woody et moi
Cahiers du cinéma, 1993

L'Ampoule magique
Avant-Scène, 1994

Le Petit Woody Allen (illustré)
Plon, 1995

Harry dans tous ses états
Deconstructing Harry
Cahiers du cinéma, 1997

Manhattan
(en collaboration avec Marshall Brickman)
Cahiers du cinéma, 2000

Annie Hall
(en collaboration avec Marshall Brickman)
Cahiers du cinéma, 2000

Hollywood ending
Cahiers du cinéma, 2002

Entretiens avec Stig Björkman
Cahiers du cinéma, 2002

Adultères
Trois pièces en un acte
« 10/18 », n° 3810, 2005

L'Erreur est humaine
Flammarion, 2007
et « J'ai lu », n° 8659

Entretiens avec Woody Allen
(en collaboration avec Éric Lax)
Plon, 2008

Le Chantier infernal
Et autres nouvelles
« Librio », n° 884, 2008

Dentiste mystérieux à Manhattan
Et autres nouvelles
« Librio », n° 914, 2009

RÉALISATION : I.G.S.-C.P. À L'ISLE-D'ESPAGNAC
IMPRESSION : CD PAPER PRODUCTS
DÉPÔT LÉGAL : NOVEMBRE 2009.
Nº D'ÉDITION 100481
IMPRIMÉ EN CHINE

WOODY

ALLEN